함께 즐기는 컴퓨팅 사고와 정보과학

비버챌린지 II

비버챌린지로 배우는 정보과학

한국비버챌린지(Bebras Korea) 지음

중학생용

©BEBRAS KOREA

생능출판

집필진

전용주(안동대학교)
정웅열(백신중학교)
전수진(호서대학교)
김지혜(충북고등학교)
김윤미(삼계중학교)
박정아(언양고등학교)
이현아(도담중학교)
정상수(세종고등학교)
정승열(천안신방중학교)
하미리(동두천양주교육지원청)

검토진

김동윤(아주대학교)
김인주(대전동광초등학교)
김재현(성균관대학교)
정인기(춘천교육대학교)
예홍진(아주대학교)

비버챌린지 II: 비버챌린지로 배우는 정보과학(중학생용)

초판 인쇄	2019년 10월 11일
초판 발행	2019년 10월 18일

지 은 이	한국비버챌린지(Bebras Korea)
펴 낸 이	김승기
펴 낸 곳	(주)생능출판사 / 주소 경기도 파주시 광인사길 143
출 판 사	등록일 2005년 1월 21일 / 신고번호 제406-2005-000002호
대표전화	(031)955-0761 / 팩스 (031)955-0768
홈페이지	www.booksr.co.kr

책임편집	유제훈 / 편집　신성민, 김민보, 권소정
디 자 인	유준범(표지디자인) / 디자인86(본문디자인)
마 케 팅	최복락, 김민수, 심수경, 차종필, 백수정, 최태웅, 김범용
인쇄/제본	영신사

I S B N	978-89-7050-990-7
정가	15,000원

머리말

안녕하십니까?

비버챌린지는 현재 세계 70여 개국에서 시행되고 있는 최고의 컴퓨팅 사고력 챌린지입니다. 한국비버챌린지(Bebras Korea)는 2016년 국제비버챌린지워크숍에 처음 참가하였고 2017년 비버챌린지의 공식 회원국이 됨에 따라 비버챌린지 문제 출제 및 선정, 영문 번역 및 국제비버챌린지 문제 제출, 워크숍 참석, 비버챌린지 문제 수정 및 선정, 참가 신청 접수 및 챌린지 시행 등 본격적인 운영을 시작하였습니다. 이에 비버챌리지 2018에는 32,995명의 학생들이 참가하는 등 컴퓨팅 사고력 중심의 정보 교육 문화를 만들어가고 있습니다.

비버챌린지가 지향하는 목표는 우리나라의 정보(SW) 교육이 지향하는 컴퓨팅 사고력, 정보문화소양, 협력적 문제해결력 함양과 같은 맥락에 있으며, 그 내용 또한 정보교육에 관한 흥미 유발, 개념 형성 및 적용 등이 가능하다는 점에서 지도 교사 및 학생의 뜨거운 반응을 일으켰습니다. 또한 단순한 이벤트를 넘어서 정보 교육의 교수·학습 및 평가에 관한 양질의 콘텐츠로서의 가능성을 확인할 수 있었습니다.

그간 한국비버챌린지에서는 초·중등 정보(SW) 교육 현장을 실제적으로 지원하기 위한 목적으로 비버챌린지 문제를 정보 수업의 학습문제, 학습활동, 학습평가로 연계시킬 수 있는 방안을 제시하기 위해 30여 편의 연구를 수행하였으며, 그 결과를 바탕으로 하여 본 교재를 출간하기에 이르렀습니다. 이 작업을 위해 수십 명의 교수님, 선생님이 봉사와 헌신의 마음으로 서로의 지혜와 지식을 한데 모았습니다. 이 지면을 통하여 수고하여주신 모든 분에게 진심 어린 감사를 드립니다.

지금은 작은 시작에 불과하지만 비버챌린지를 통한 컴퓨팅 사고력 중심의 정보 (SW) 교육이 확산되고, 온 국민이 정보(SW) 교육의 가치를 이해하는 그날까지 한국비버챌린지의 노력은 계속될 것입니다. 우리나라가 세계를 선도하는 컴퓨팅 사고력 강국이 되기를 기원하며 비버챌린지II를 여러분께 바칩니다.

저자 일동

이 책의 활용 방법

 6단계 학습 방법

1단계
생각열기
실생활의 사례와 함께 학습 내용과
목표를 확인합니다.

2단계
학습내용 이해하기
정보과학(SW)의 기본 개념과
원리에 대해 학습합니다.

3단계
도전! 비버챌린지
학습내용을 바탕으로
비버챌린지 문제 해결에 도전합니다.

4단계
컴퓨팅 사고력 키우기
컴퓨팅 사고를 바탕으로 비버챌린지 문제를
해결하는 방법을 이해합니다.

5단계
한 걸음 더!
지금까지의 학습을 바탕으로
새로운 프로젝트에 도전합니다.

6단계
스스로 평가하기
학습목표를 달성했는지 스스로 확인합니다.

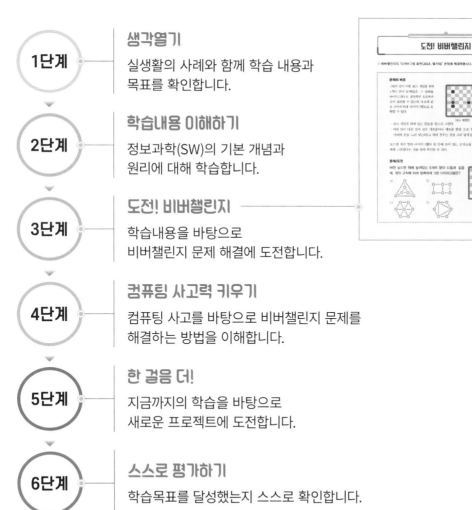

목차

프로그램과 교사용 지도서 제공 안내

① 프로그램 활용하기
  ㉠ 스크래치: https://scratch.mit.edu/studios/25240425
  ㉡ 엔트리: http://bit.ly/2Oz0cqR

② 교사용 지도서 활용하기[교사회원 전용]
  생능출판사 홈페이지(https://booksr.co.kr/)에서 회원가입 후 '비버챌린지2'로 검색하면 [보조자료]에서 교사용 지도서 PDF 파일을 다운로드하여 사용할 수 있습니다.

1장

비브라그램

학습내용　정보사회의 특성과 진로

학습목표　정보기술의 발달과 소프트웨어가 개인의 삶과 사회에 미친 영향과
가치를 분석하고 그에 따른 직업의 특성을 이해하여 자신의 적성에
맞는 진로를 탐색한다.

1장

비브라그램

생각열기

여러분은 인터넷에서 어떤 콘텐츠를 즐겨 보나요? 인터넷에는 개인이 만든 다양한 주제(음식, 여행, 게임, 뷰티, 공부 등)의 콘텐츠들이 업로드되어 많은 사람이 이용할 수 있습니다.

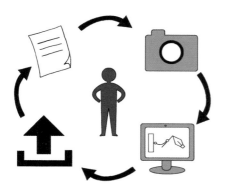 

≪ 인터넷에 업로드되는 다양한 콘텐츠[1]

인터넷과 스마트폰의 발달로 누구나 쉽게 영상 콘텐츠를 만드는 1인 미디어 시대가 되었지요. 이렇게 자신만의 콘텐츠를 제작하는 '콘텐츠 크리에이터'는 단순한 취미를 넘어 새로운 직업으로 떠오르고 있습니다.

이번 챕터에서는 비버챌린지의 '비브라그램' 문제를 통해 소셜 네트워크 서비스(SNS)와 같은 소프트웨어가 우리 삶에 미치는 영향에 대해 학습해 보겠습니다.

콘텐츠 크리에이터: 다양한 영상, 사진 콘텐츠를 기획 및 제작하고, 소셜 네트워크 서비스에 업로드하여 온라인 상에서 공유하는 사람을 말한다.

소셜 네트워크 서비스: 인터넷을 통해 전 세계 사람들과 실시간으로 대화를 하거나 사진이나 동영상 정보를 공유하여 사회적 관계(인맥)를 넓히는 것을 도와주는 온라인 서비스이다. 대표적으로 페이스북, 인스타그램, 트위터 등이 있다.

---

1 **그림 출처:** 진로정보망 커리어넷(http://www.career.go.kr/cnet/front/commbbs/cardnews/commBbsView.do?BBS_SEQ=142844)

정보기술은 컴퓨터와 인터넷을 통해 다양한 형태로 정보를 만들고, 저장하고, 공유하고, 사용하는 데 필요한 모든 형태의 기술을 말합니다. 컴퓨터는 단순히 계산을 빠르게 하는 것뿐만 아니라 다양한 정보를 처리하는 수단으로 사용되면서 관련 기술이 급격하게 발달하게 되었습니다. 정보를 주고받는 데 사용하는 통신 기술이 발달하게 되었고, 컴퓨터의 크기는 점점 작아졌지만, 처리 능력은 더 향상되어 모든 분야에서 사용되고 있습니다.

온라인상에서 여러 사람과 소통할 수 있는 소셜 네트워크 서비스(SNS: Social Network Service)는 우리 삶의 모습을 변화시킨 대표적인 기술 중 하나입니다.

SNS를 활용하면 빠르게 정보를 전달할 수 있기 때문에 지구 반대편에서 일어나는 일들에 대한 정보도 쉽게 얻을 수 있지요. 인터넷상에서 친구를 맺고 사진과 댓글을 통해 소통해 나갑니다.

또한, 위험 상황이 발생하였을 때, SNS를 통해 빠르게 소식을 전달하여 더 큰 피해를 막은 사례도 있습니다. 이처럼 SNS는 우리 사회 곳곳에서 많은 역할을 하고 있습니다.

하지만 무분별한 정보의 확산으로 인해 거짓 뉴스로 고통받는 사람들이 생겨나기도 합니다. 이처럼 같은 기술이라도 어떻게 사용하느냐에 따라 다른 영향을 미칠 수 있습니다.

따라서 SNS와 같이 인터넷상에서 정보를 다룰 때는 자신이 만들어 내는 정보뿐만 아니라 소비하는 정보에 대해서도 신중한 태도로 접근해야 합니다. 특히 자신도 모르는 사이에 개인정보가 유출되거나 저작권을 침해할 수 있으므로 올바르고 건전한 정보윤리 의식을 갖추고 실천해야 합니다.

도전! 비버챌린지

※ 비버챌린지의 '비브라그램(2017, 이란)' 문제를 해결해봅시다.

문제의 배경

아래 그림에서 연결선은 같은 반 학생들의 친구 관계를 나타낸다. 월요일에 유명한 음악가가 새로운 음악을 발표 했는데, 친구를 나타내는 동그라미 기호 옆에는 월요일에 그 음악을 구입했다는 표시가 음표로 그려져 있다.

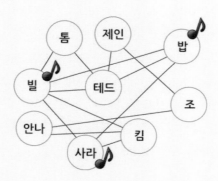

화요일부터 매일 마다 아직 음악을 구입하지 않은 학생들은 각자 자기 친구들 가운데 절반 이상이 그 전날까지 음악을 구입했으면, 이 학생도 음악을 구입한다.

문제/도전

모든 친구들이 음악을 구입하게 되는 요일은 언제가 될까?

A) 토요일   B) 목요일   C) 수요일   D) 일요일

문제 이해 방법: 문제를 이해하기 위해서는 문제의 현재 상태와 목표 상태를 분석하고 핵심 요소를 파악하는 것이 필요하다.

'비브라그램' 문제를 어떻게 해결할 수 있을까요?

이 문제의 현재 상태와 목표 상태를 분석해봅시다. 현재 상태는 같은 반 학생들이 모두 같은 음악을 구입하게 되는 요일을 모르는 상태이며, 목표 상태는 주어진 조건에 따라 같은 반 학생들이 모두 같은 음악을 구입하게 되는 요일을 알고 있는 상태입니다.

이 문제를 해결하기 위해서는 문제에 제시된 핵심 내용을 찾아낼 수 있어야 합니다.

먼저 동그라미는 친구를 나타내며 그 안에 이름을 써서 구분합니다. 그리고 연결선은 같은 반 학생들의 친구 관계를 나타내는데 두 개의 동그라미가 선으로 연결되어 있다면 두 학생은 서로 친구 관계라는 것을 표현합니다. 두 번째로, 음악을 구입한 친구는 동그라미 기호 옆에 음표로 표시된다는 것입니다. 세 번째는 월요일에 유명한 음악가가 새로운 음악을 발표하며, 아직 음악을 구입하지 않은 학생들은 화요일부터 매일 음악을 구입할지 결정하게 됩니다. 학생들은 자기 친구들 가운데 절반 이상이 전날까지 음악을 구입했다면 자신도 음악을 구입한다는 것입니다.

≪ 월요일

찾아낸 핵심 내용을 바탕으로 문제를 해결할 수 있습니다. 월요일에는 빌, 밥, 사라가 음악을 구입한 상태입니다. 이 세 친구와 친구 관계를 맺고 있는 사람을 살펴볼까요? 빌의 친구는 톰, 밥, 테드, 킴, 사라입니다. 밥, 사라는 이미 음악을 구입했으니 톰과 테드, 킴이 음악을 사야할지 확인해볼 수 있습니다. 톰의 친구는 빌과 테드이며, 친구 중 절반 이상이 음악을 구입했습니다. 따라서 톰은 화요일에 음악을 구입합니다. 테드는 어떨까요? 테드의 친구는 빌, 톰, 제인, 밥입니다. 이 중, 빌, 밥이 이미 음악을 구입했습니다. 친구 중 절반 이상이 음악을 구입했으므로 테드도 화요일에 음악을 구입합니다. 킴의 친구는 빌, 사라이며 친구들 모두가 음악을 구입했으므로 킴도 화요일에 음악을 구입합니다. 따라서 음악을 구입한 친구들을 추가로 표시하면 다음과 같습니다.

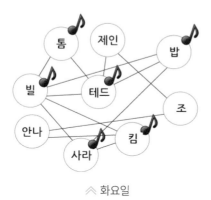

≪ 화요일

같은 방법으로 수요일에 음악을 사게 되는 친구들을 찾을 수 있습니다. 화요일에는 빌, 밥, 사라, 톰, 테드, 킴이 음악을 구입한 상태입니다. 아직 음악을 사지 않은 친구는 제인, 안나, 조입니다. 조의 친구는 제인과 안나이며 친구 모두 음악을 구입하지 않았으므로 수요일에 음악을 구입하지 않습니다. 제인의 친구는 테드와 조이며, 친구 중 절반 이상이 음악을 구입했으므로 제인도 수요일에 음악을 구입합니다. 안나의 친구는 킴과 조이며, 친구 중 절반 이상이 음악을 구입했으므로 안나도 수요일에 음악을 구입합니다. 따라서 수요일에 음악을 구입한 친구들을 추가로 표시하면 다음과 같습니다.

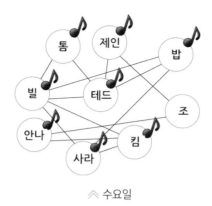

≪ 수요일

아직 음악을 구입하지 않은 친구는 조입니다. 조의 친구인 제인, 안나가 모두 음악을 구입하였으므로, 조는 목요일에 음악을 구입하게 됩니다. 따라서 목요일이 되면 모든 친구들이 음악을 구입하게 됩니다.

SNS와 같은 소프트웨어는 온라인에서 여러 사람을 연결해 주고 있어, 개인과 사회에 큰 영향을 미치고 있습니다. 지금까지의 학습 경험을 바탕으로 나만의 '비브라그램' 문제를 만들어 봅시다.

'비브라그램'의 그림	'비브라그램'의 규칙
톰 제인 밥 빌 테드 조 안나 킴 사라	1. 연결선은 같은 반 학생들의 친구 관계를 나타낸다. 2. 음악을 구입하면 동그라미 기호 옆에 음표가 그려진다. 3. 월요일에 유명한 음악가가 새로운 음악을 발표하며, 화요일부터 날마다 아직 음악을 구입하지 않은 학생들은 각자 자기 친구들 가운데 절반 이상이 그 전날까지 음악을 구입했으면, 이 학생도 음악을 구입한다.

< 내가 만든 비브라그램 그림 >

< 내가 만든 비브라그램의 규칙 >

1.

2.

3.

스스로 평가하기

평가문항	매우 우수	우수	보통
정보사회의 특성을 설명할 수 있나요?			
비버챌린지 문제의 초기 상태와 목표 상태를 파악할 수 있나요?			
SNS를 사용할 때 지켜야 할 정보윤리를 설명할 수 있나요?			

ME
MO

2장
다이어그램 표현

학습내용   정보의 구조화

학습목표   실생활의 정보를 표, 다이어그램 등 다양한 형태로 구조화하여 표현
한다.

2장

장

다이어그램 표현

생각열기

여러분은 도서관에서 책을 직접 찾아본 적이 있나요? 만약 도서관에 있는 많은 책들이 정리되어 있지 않다면 내가 원하는 책을 찾을 수 있을까요?

도서관의 책들은 분야별로 일정한 규칙에 따라 정리되어 있어, 원하는 책을 쉽게 찾을 수 있습니다. 이처럼 문제를 해결하기 위해 문제 해결에 필요한 정보를 구조화하여 표현할 수 있습니다. 정보를 구조화하는 방법에는 어떤 것들이 있을까요?

이번 챕터에서는 비버챌린지의 '다이어그램 표현' 문제를 통해 문제에 주어진 정보를 다이어그램 형태로 구조화하는 '정보 구조화하기'에 대해 학습해 보겠습니다.

- 도서관 책을 분류하는 방법의 하나인 한국십진분류법은 다음과 같다.

기호	분류
000	총류
100	철학
200	종교
300	사회학
400	자연과학
500	기술과학
600	예술
700	언어
800	문학
900	역사

정보 구조화는 문제해결에 필요한 정보를 더 빠르고 효율적으로 찾을 수 있게 해주고, 정보를 체계적으로 관리하는 데에도 도움이 되는 중요한 작업입니다.

정보 구조화란 문제를 해결하기 위해 수집되고 분류된 자료들의 관계를 시각적으로 구조화하여 표현하는 것을 의미합니다.

정보를 구조화하는 방법에는 표, 다이어그램 등이 있습니다. 표는 서로 다른 기준(행과 열)을 중심으로 자료를 표현하는 방법입니다. 표는 행과 열로 이루어져 있는데, 각 행에는 각 열에 해당하는 자료의 집합을 제시하며, 각 열에는 표시하고자 하는 자료의 특징이나 속성을 제시합니다.

	1열	2열	3열	4열
1행	번호	이름	키(cm)	몸무게(kg)
2행	1	김○○	175	70
3행	2	이○○	168	65
4행	3	전○○	180	80
5행	4	송○○	155	50

≪ 정보 구조화의 예 - 표

다이어그램은 점, 선, 도형 등을 이용하여 자료 간의 관계나 과정, 구조 등을 시각적으로 표현하는 방법입니다. 다음은 정보를 다양한 형태의 다이어그램으로 표현한 사례입니다.

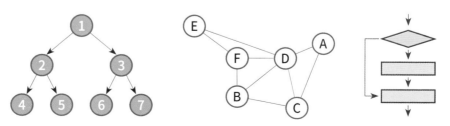

≪ 정보 구조화의 예 – 다이어그램

도전! 비버챌린지

※ 비버챌린지의 '다이어그램 표현(2018, 벨기에)' 문제를 해결해봅시다.

문제의 배경

그림과 같이 어떤 보드 게임판 위에 4개의 말이 놓여있다. 그 상태를 다이어그램으로 표현하면 오른쪽과 같이 표현할 수 있는데, 다음과 같은 규칙에 따라 다이어그램으로 표현할 수 있다.

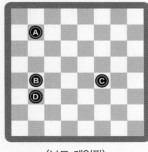

〈보드 게임판〉

〈다이어그램〉

- 보드 게임판 위에 있는 말들을 원으로 그린다.
- 어떤 말이 다른 말과 같은 가로줄이나 세로줄 방향 으로 함께 놓여있으면, 두 말 사이에 선을 그려 넣는다(그 외의 경우는 선을 그려 넣지 않는다).

보드판 위의 말과 다이어그램의 원 안에 쓰여 있는 문자들을 함께 확인해보면, 정확하게 그려졌다는 것을 쉽게 확인할 수 있다.

문제/도전

어떤 보드판 위에 놓여있는 6개의 말이 다음과 같을 때, 위의 규칙에 따라 정확하게 그린 다이어그램은?

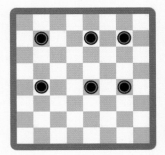

A)

B)

C)
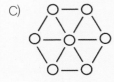

D)

컴퓨팅 사고력 키우기

'다이어그램 표현' 문제를 어떻게 해결할 수 있을까요?

이 문제의 현재 상태와 목표 상태를 분석해봅시다. 현재 상태는 보드판 위에 놓여 있는 6개의 말을 주어진 규칙에 따라 다이어그램으로 표현하지 않은 상태이며, 목표 상태는 주어진 규칙에 따라 보드판 위에 놓여 있는 6개의 말을 다이어그램으로 정확하게 표현한 상태입니다.

이 문제를 해결하기 위해서는 주어진 조건을 정확히 이해하고, 이를 다이어그램으로 표현하는데 알맞게 적용하여야 합니다. 문제에서 주어진 조건에 따르면, 같은 줄에 있는 말들은 각각의 말 사이에 선을 그려 넣어야 합니다. 즉, 다음과 같이 같은 줄에 있는 세 개의 말들은 각각의 말 사이에 선을 그려 넣어 오른쪽과 같은 다이어그램으로 표현할 수 있습니다(이때 주의할 점은 말 Ⓐ와 Ⓒ 사이에도 선을 그려 넣어야 한다는 것입니다).

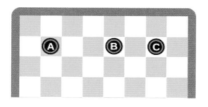

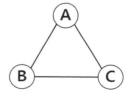

이 같은 원리로 Ⓓ ~ Ⓕ도 위와 같은 방식으로 표현할 수 있습니다. 또한, 세로줄을 보면 Ⓐ와 Ⓓ, Ⓑ와 Ⓔ, Ⓒ와 Ⓕ도 같은 줄에 있으므로, 이 말들도 각각 선으로 연결하여야 합니다. 따라서, 문제에 주어진 조건에 따라 보드판 위의 6개의 말을 다이어그램으로 표현하면 다음과 같이 표현할 수 있습니다.

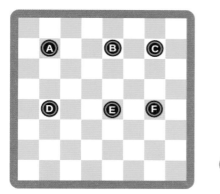
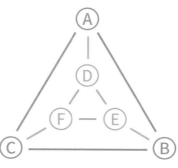

한편 답안 C)에는 7개의 원이 그려져 있는데, 보드판 위의 말의 개수보다 1개가 더 많으므로, 정답이 아닙니다. 또한 답안 B)의 경우 보드판 위에 있는 말의 배치와 매우 비슷하기 때문에 정답이라고 생각할 수도 있지만, 말 Ⓐ와 Ⓒ 사이에 연결된 선이 없으므로 정답이 아닙니다. B)와 같은 상태에서 다음과 같이 2개의 선을 더 그린다면, 정답이 될 수 있습니다.

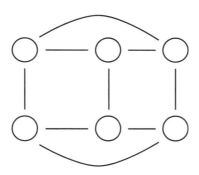

이 문제에서 제시된 다이어그램들과 같은 것들은 정보과학에서 어떤 문제나 상황에서의 기본적인 정보들을 표현하는 데 자주 사용됩니다. 문제에서 제시된 형태의 다이어그램은 그래프(graph)라고 부르는데, 그래프에서 각 원은 정점(vertex)/노드(node)라고 부릅니다.

그래프에서는 각 정점/노드가 다른 정점/노드와 연결되어있는 상태만 중요하고, 정점/노드들이 그려져 있는 위치는 중요하지 않습니다. 따라서 같은 그래프 상태가 다양한 방법으로 그려질 수 있습니다. 예를 들면, 문제의 정답에 제시된 A)와 정답 해설의 마지막에 있는 그래프는 모두 보드판 위에 놓여 있는 말들의 상태를 표현한 그래프입니다.

이 문제에서 제시된 다이어그램은 정보과학에서 어떤 문제나 상황에서의 기본적인 정보들을 구조화하여 표현하는데 사용되는 방식 중 하나입니다. 제시된 문제를 다른 형태로 수정해보면서 정보를 다이어그램으로 바르게 구조화하여 표현해 봅시다.

1) 문제에 주어진 보드판 위의 말의 개수와 위치를 바꿔서 제시하여 봅시다.

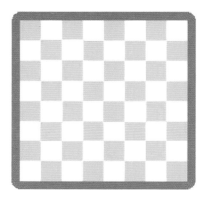

≪ 보드 게임판

2) 위 보드판에 제시된 말들을 문제에 제시된 조건에 따라 다양한 형태(2가지 이상)의 다이어그램으로 표현하여 봅시다.

다이어그램 1	다이어그램 2	다이어그램 3

스스로 평가하기

평가문항	매우 우수	우수	보통
비버챌린지 문제의 초기 상태와 목표 상태를 파악할 수 있나요?			
비버챌린지 문제 해결을 위해 핵심요소를 추출할 수 있나요?			
문제에 주어진 정보를 다이어그램으로 구조화하여 표현할 수 있나요?			

ME
MO

3장

점심 뭐 먹을까?

학습내용   정보 구조화, 문제 분석

학습목표   - 실생활의 정보를 표, 다이어그램 등 다양한 형태의 구조화 방법 중 가장 적절한 형태로 구조화하여 표현한다.

                 - 실생활 문제 상황에서 문제의 현재 상태, 목표 상태를 이해하고 목표 상태에 도달하기 위해 수행해야 할 작업을 분석한다.

3장

점심 뭐 먹을까?

컴퓨터과학자로 불리는 앨런 튜링에 대한 영화 '이미테이션 게임'을 본 적이 있나요? 튜링은 어린 시절 암호 풀이를 즐겨하는 소년이었습니다. 다음은 영화 속 어린 시절 튜링이 친구가 준 편지의 암호를 해석하는 장면입니다. 튜링은 어떤 방법으로 친구의 암호를 해석했을까요?

앨런 튜링: 알고리즘과 계산 이론을 바탕으로 튜링 기계라는 추상 모델을 형식화함으로써 컴퓨터과학의 발전에 지대한 공헌을 하였다. 컴퓨터과학의 아버지라고 불린다.

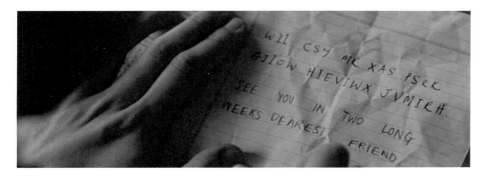

튜링과 친구가 사용한 암호 규칙은 알파벳 글자의 위치를 네 글자씩 옮겨 쓴 방식입니다.

그렇다면 이 규칙을 적용하여 튜링처럼 암호를 해석해볼까요?

아마 영화 속 튜링처럼 암호를 바로바로 해석하기에는 어려움을 느낄 것입니다. 알파벳을 어딘가에 메모하거나, 알파벳 송을 부르며 손가락으로 순서를 세는 동작을 하게 되지요.

카이사르 암호: 시저 암호라고도 불리며, 암호화하고자 하는 내용을 알파벳별로 일정한 거리만큼 밀어서 다른 알파벳으로 치환하여 암호문을 작성하였다.

이렇듯 문제를 보다 효율적이고 쉽게 해결하기 위해서, 우리는 문제 해결에 적합한 형태로 정보를 구조화하여 표현하게 됩니다.

이번 챕터에서는 비버챌린지의 '점심 뭐 먹을까' 문제를 통해 문제를 해결하기 위해 필요한 정보의 표현 방법을 찾고, 표현된 정보를 바탕으로 알고리즘을 설계하여 프로그래밍하는 과정을 학습해 보겠습니다.

마인드 맵: 생각의 지도라고 정의할 수 있으며, 백지 위에 중심 주제를 적고 가지를 만들어 가면서 핵심어, 이미지 등을 사용해 방사형으로 표현한 것이다.

문제 해결의 목적에 따라 체계적으로 정보를 정리하여 표현하는 것을 정보의 구조화라고 합니다. 정보를 구조화한 형태로는 목록, 표, 계층형, 그래프, 마인드맵, 벤다이어그램 등이 있습니다.

만약 메신저를 통해 친구에게 시간표를 물어볼 경우, "월:정보, 국어, 영어, 체육, 도덕, 역사, 과학, 화:체육, 수학, 국어, 역사, 과학, 도덕, 음악, …"이라고 알려주면 아마 여러분도 민석이처럼 "시간표를 사진으로 찍어서 보내줘"라고 대답하겠지요?

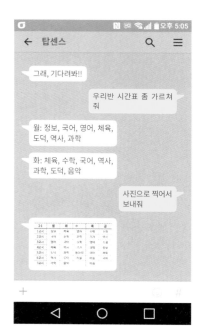

2-1	월	화	수	목	금
1교시	정보	체육	영어	수학	수학
2교시	국어	수학	과학	기가	역사
3교시	영어	국어	수학	영어	스쿨
4교시	체육	역사	기가	과학	정보
5교시	도덕	과학	동아리	국어	체육
6교시	역사	도덕	자율	미술	국어
7교시	과학	음악		미술	

수업시간표를 메시지(글)로 받을 때와 사진에 제시된 표 형태로 받을 경우, 시간표 활용 면에서의 차이점에 대해 적어보세요

메시지	문자 메시지의 내용을 하나하나 모두 확인하면서 원하는 수업 교과를 찾는다.
표	표에 있는 세로줄(요일)과 가로줄(교시)을 확인하여 원하는 수업 교과를 찾는다.

교실에 부착된 수업시간표는 수업시간, 요일, 과목을 가로줄과 세로줄로 표현되는 표 형태로 구조화함으로써, 우리는 해당 요일과 수업시간에 해당하는 수업 교과를 쉽게 확인할 수 있게 됩니다. 이처럼 정보를 문제 해결의 필요에 맞게 구조화하여 표현하는 것은 문제 해결의 효율성을 높일 수 있습니다.

그렇다면, 다시 튜링 편지로 돌아와서, 튜링과 친구의 암호 편지를 해석하는 문제를 해결해 볼까요?

1. 문제 분석하기
현재 상태는 암호화된 글자가 나열된 상태이고, 목표 상태는 네 글자 이전의 알파벳 위치를 찾아 암호를 해석하는 것입니다.

2. 해결방법 탐색하기
문제해결방법을 탐색하기 위해서는 현재의 키보드 자판의 알파벳으로는 암호를 바로 해석하기 힘들지요.

알파벳 송 노래를 부르며 손가락으로 순서를 세는 과정을 반복하게 됩니다.
문제를 효율적으로 해결하기 위해서는 문제해결의 대상이 되는 정보를 문제해결에 효율적인 방법으로 구조화시키는 작업이 필요합니다.

3. 이를 위해, 알파벳을 순서대로 표현함으로써 정보를 구조화합니다.

A	B	C	D	E	F	G	H	I	J	K	L	M	N	O	P	Q	R	S	T	U	V	W	X	Y	Z

4. 구조화된 정보를 활용하여 문제해결방법 적용해봅니다. 암호를 풀기 위해 필요한 과정을 단계별로 적어보세요.

문제해결	[1단계] 암호글자를 찾는다. [2단계] 암호글자에서 4글자 이전으로 이동한다. [3단계] 이동한 곳에 해당하는 알파벳을 확인한다.

문제해결단계를 적용하여 암호를 해석해 봅니다. 'W'→'S', 'I'→'E'가 되네요.

암호문	A	B	C	D	E	F	G	H	I	J	K	L	M	N	O	P	Q	R	S	T	U	V	W	X	Y	Z

5. 만약 알파벳의 위치에 따른 번호 순서 칸을 추가하면 어떨까요?

순서	1	2	3	4	5	6	7	8	9	10	11	12	13	14	15	16	17	18	19	20	21	22	23	24	25	26
암호문	A	B	C	D	E	F	G	H	I	J	K	L	M	N	O	P	Q	R	S	T	U	V	W	X	Y	Z

6. 그러면 위의 구조화된 정보를 활용하여 문제를 해결해 봅니다. 위치 칸을 추가할 경우 문제해결의 장점과 문제해결 과정을 작성해 봅시다.

문제해결	[1단계] 글자를 찾는다. [2단계] 글자의 위치 순서가 무엇인지 찾는다. [3단계] 위치 순서에서 4를 뺀다. [4단계] 해당되는 위치의 글자를 찾는다.

위치 순서 칸을 추가하면, 문제를 이렇게 풀 수 있습니다.
'W'는 23번째. 23번째에서 4번째 이전인 19번째 알파벳은? 'S'

위치 순서 칸을 추가하여 문제를 해결해 보니, 정확하고 편리하게 암호를 해석할 수 있는 장점이 있습니다.

이렇듯 문제 해결을 위해 주어진 정보를 어떤 방식으로 표현하는지에 따라 문제 해결 방법이 달라집니다. 문제 해결을 가장 효율적이고 정확하게 할 수 있도록 하는 정보의 구조화 방법을 찾는 것이 중요하겠지요. 정보를 구조화하여 표현하면 해결방법을 쉽게 찾을 수 있을 뿐 아니라, 문제 해결에 드는 시간과 노력을 줄일 수 있답니다.

※ 비버챌린지의 '점심 뭐 먹을까?(2017, 스위스)' 문제를 해결해 봅시다.

문제의 배경

비보는 매일 자기가 먹고 싶은 점심 메뉴를 비바에게 암호 메시지로 보낸다. 메시지는 암호판을 사용하여 다음과 같은 방법으로 암호화되며, 암호판은 안쪽 판과 바깥쪽 판으로 구성되어 있다.

1. 비보는 먼저 음식 이름을 적는다.
2. 음식 이름의 각 글자 아래에 1~9 사이의 숫자를 적고, 바깥쪽 판의 글자와 안쪽 판의 글자가 같도록 암호판을 맞춘 상태에서 안쪽 판을 적힌 숫자 만큼 왼쪽으로 회전시킨다. 예를 들어 오른쪽 그림은 안쪽 판을 왼쪽으로 3칸 회전시킨 것이다.
3. 각 숫자 아래에 바깥쪽 판에 있는 글자에 맞춰지는 안쪽 판의 문자를 적는다.

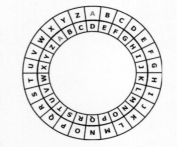

예를 들어, 비보가 피자(PIZZA)를 암호 메시지로 만드는 과정은 아래의 표와 같다.

원문 메시지	P	I	Z	Z	A
왼쪽으로 회전	3	1	4	3	1
암호 메시지	S	J	D	C	B

문제/도전

비바가 받은 암호 메시지가 암호화되는 과정이 아래와 같을 때, 비보가 제안한 점심 메뉴는 뭘까?

원문 메시지	?	?	?	?	?	?	?
왼쪽으로 회전	3	5	1	7	2	4	8
암호 메시지	O	F	T	H	I	R	I

A) LBSAFNA   B) LASAFMA   C) LBSAGMA   D) LASAGNA

'점심 뭐 먹을까?' 문제를 어떻게 해결할 수 있을까요?

이 문제의 현재 상태와 목표 상태를 분석해봅시다. 현재 상태는 비보가 제안한 점심 메뉴를 모르는 상태이며, 목표 상태는 암호 메시지를 해독하여 점심 메뉴를 알아낸 상태입니다.

암호화 알고리즘: 원래 메시지(원문 또는 평문)를 암호화된 메시지(암호문)로 만드는 절차와 방법을 뜻한다.

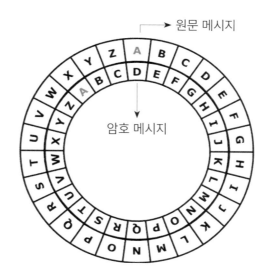

이 문제를 해결하기 위해 필수적인 요소는 무엇일까요? 이는 문제에 주어진 그림에 나타난 정보를 통해 확인할 수 있습니다. 주어진 그림에서는 왼쪽으로 회전한 칸 수가 3인(왼쪽으로 3칸 이동한) 상태를 나타내고 있으며 바깥쪽 원의 'A'는 안쪽 원의 'D'와 맞닿아 있지요. 이는 'A'를 암호화하면 'D'로 바뀐다는 뜻입니다.

그런데 주어진 문제에서는 회전한 칸 수가 계속 바뀌네요. 회전판이 있다면 계속 바꿔가면서 하겠으나, 우리가 문제를 풀기 위해서는 회전한 칸 수가 바뀐 형태로 그림을 새로 그리며 풀어야 하겠지요?

그렇다면, 이 회전판을 펴서 앞서 배웠던 표의 형태로 구조화하여 봅시다.

순서	1	2	3	4	5	6	7	8	9	10	11	12	13	14	15	16	17	18	19	20	21	22	23	24	25	26
암호문	A	B	C	D	E	F	G	H	I	J	K	L	M	N	O	P	Q	R	S	T	U	V	W	X	Y	Z
원문	X	Y	Z	A	B	C	D	E	F	G	H	I	J	K	L	M	N	O	P	Q	R	S	T	U	V	W

이렇게 구조화된 정보를 사용하여, 튜링의 편지 문제를 해결한 것과 비슷한 과정으로 문제를 해결하여 봅시다.

[1단계] 주어진 문제의 암호문의 글자 순서를 구합니다(위 표에서 음영 처리된 부분 참고).

암호 메시지	O	F	T	H	I	R	I
암호문의 글자 순서	15	6	20	8	9	18	9

[2단계] 각 암호 문자별로 제시된 회전한 칸 수(안쪽 판을 왼쪽으로 이동한 횟수)가 무엇인지 확인합니다. 왜냐하면, 문제에서 문자별로 회전한 칸 수를 다르게 제시하였기 때문입니다.

암호문의 글자 순서	15	6	20	8	9	18	9
왼쪽으로 회전	3	5	1	7	2	4	8

[3단계] 원문 글자 순서를 '(각 암호문의 글자 순서) − (왼쪽으로 회전한 칸 수)'로 구합니다.

암호문의 글자 순서	15	6	20	8	9	18	9
왼쪽으로 회전	3	5	1	7	2	4	8
원문 글자 순서	12	1	19	1	7	14	1

[4단계] 원문 글자 순서를 활용하여 제시된 회전판을 처음 구조화했던 표에서 원문을 구합니다.

원문 글자 순서	12	1	19	1	7	14	1
원문 메시지	L	A	S	A	G	N	A

한 걸음 더!

정보를 구조화하여 표현하면 해결방법을 쉽게 찾을 수 있을 뿐 아니라, 문제 해결에 드는 시간과 노력을 줄일 수 있습니다. 또한 이러한 방법은 프로그램으로도 표현할 수 있습니다. 비버챌린지의 '점심 뭐 먹을까?' 문제를 스크래치 프로그램으로 표현해 봅시다.

소스 코드
- 스크래치: https://scratch.mit.edu/projects/333129742/

- 엔트리: http://bit.ly/2nGwyF1

1. 문제를 해결하기 위해, 먼저 알파벳을 리스트에 저장합니다.

- 원하는 정보 구조화 형태

1	2	3	4	5	6	7	8	9	10	11	12	13	14	15	16	17	18	19	20	21	22	23	24	25	26
A	B	C	D	E	F	G	H	I	J	K	L	M	N	O	P	Q	R	S	T	U	V	W	X	Y	Z

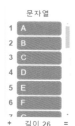

- 프로그래밍에 적용한 형태 – 리스트 만들기[1]
① 변수 – 리스트 만들기 클릭
② 리스트명 '문자열' 입력
③ 스테이지에 표시된 '문자열' 리스트에서 '+' 아이콘 클릭하여 항목을 추가(A~Z까지 입력)

2. 문제해결 과정의 단계를 생각해봅니다.

[1단계] 암호 메시지를 입력한다.

[2단계] 입력받은 암호 메시지의 위치 순서를 찾는다.

[3단계] 왼쪽으로 회전한 칸 수를 입력한다.

[4단계] 암호의 위치에서 회전한 칸 수 값을 뺀다.

[5단계] 4단계에서 나온 위치에 해당하는 원문 알파벳을 찾는다.

[6단계] 찾은 원문 메시지를 출력한다.

3. 프로그래밍으로 구현해봅니다.

[1단계] 암호 메시지를 입력한다. 입력된 값은 　대답　에 저장됨

```
암호를 입력하세요  라고 묻고 기다리기
```

---

1 **참고:** 리스트(배열)는 2015 개정 고등학교 정보 과목에서 다루어지는 내용입니다.

[2단계] 입력받은 암호 메시지의 위치 순서를 찾는다.

- 변수 '위치'를 만든다. 변수 '위치'의 초깃값을 1로 설정한다.
- 첫 번째 위치부터 검색해서 1씩 증가시키며 문자열에 동일한 값이 있는지 확인한
  다. 동일하면 위칫값이 입력된 암호의 순서가 된다.

[3단계] 왼쪽으로 회전하는 수를 입력한다. 입력된 값은 대답 에 저장됨

[4단계] 암호의 위치에서 회전수 값을 뺀다.

[5단계] 4단계에서 나온 위치에 해당하는 원문 알파벳을 찾는다.

[6단계] 찾은 원문 메시지를 출력한다.

[7단계] 구현된 결과를 실행하고 개선점을 찾는다.

스스로 평가하기

평가문항	매우 우수	우수	보통
정보 구조화의 개념을 설명할 수 있나요?			
비버챌린지 문제에 적합한 정보 구조화를 표현할 수 있나요?			
구조화한 정보를 활용하여 문제를 해결할 수 있나요?			
비버챌린지 문제 해결을 위해 핵심요소를 추출할 수 있나요?			

4장
원 색칠하기

학습내용 문제분석, 핵심요소 추출

학습목표 - 실생활 문제 상황에서 문제의 현재 상태, 목표 상태를 이해하고 목표 상태에 도달하기 위해 수행해야 할 작업을 분석한다.

- 문제 해결에 필요한 요소와 불필요한 요소를 분류한다.

4장

원 색칠하기

생각열기

여러분은 여행을 떠나 본 적이 있나요? 만약 여러분이 제주의 올레길 여행을 위한 여행 코스를 계획하려 한다면, 다음 두 개의 지도 중에서 어떤 지도를 참고하는 것이 좋을까요? 그리고 그렇게 생각한 이유가 무엇인가요?

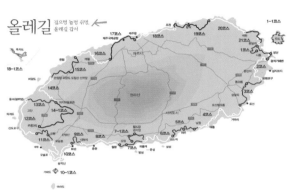

문제를 보다 효율적이고 쉽게 해결하기 위해서는 문제를 해결하는데 필수적인 요소를 찾아야 합니다. 따라서, 이 요소가 무엇인지 찾는 과정은 매우 중요합니다. 문제 해결에 필수적인 요소는 어떻게 찾아볼 수 있을까요?

이번 챕터에서는 비버챌린지의 '원 색칠하기' 문제를 통해 문제를 해결하기 위해 필수적인 요소를 찾고, 이를 바탕으로 주어진 문제를 해결하는 '핵심요소 찾기' 방법을 학습해 보겠습니다.

학습내용 이해하기

문제를 해결하는 과정에서 문제분석 및 핵심요소 추출은 매우 중요한 과정입니다.

문제분석이란 제시된 문제 상황에서 현재 상태와 목표 상태를 명확히 정의하고, 현재 상태에서 목표 상태에 도달하기 위해 수행할 작업의 종류와 순서를 파악하는 것을 의미합니다. 이때 현재 상태란 문제가 해결되기 전의 상태이며, 목표 상태란 문제가 해결된 후의 상태를 의미합니다. 예를 들면, 생각열기에서 제시된 문제의 현재 상태는 제주의 올레길 여행을 위한 여행 코스를 계획하기 위해 적합한 지도를 선택하기 전의 상태를 의미하고, 목표 상태는 여행코스 계획을 위해 적합한 지도를 선택 완료한 상태를 의미합니다.

현재 상태	제주의 올레길 여행을 위한 여행 코스를 계획하기 위해 적합한 지도를 선택하기 전의 상태
목표 상태	여행 코스 계획을 위해 적합한 지도를 선택 완료한 상태

핵심요소 추출이란 문제 상황에 제시된 다양한 요소들을 분석하여, 문제를 해결하는 데 필요한 요소와 불필요한 요소를 구분하고 불필요한 요소를 제거하는 과정을 말합니다. 우리는 이러한 핵심요소 추출을 통해 복잡한 문제 상황을 단순하게 만들어 문제를 보다 효율적이고 쉽게 해결할 수 있습니다. 예를 들면, 생각열기에 제시된 문제의 다양한 요소 중 제주의 올레길 여행을 위한 여행코스를 계획하는 하기 위해 적합한 지도를 선택하기 위해 지도에 나타난 올레길 코스의 위치, 길이 등이 문제의 목표 상태에 도달하기 위한 핵심적인 요소라고 볼 수 있습니다.

핵심요소	지도에서 올레길 코스의 위치, 길이 등을 파악할 수 있는지 여부

따라서 생각열기에 제시된 두 개의 지도 중 오른쪽 지도를 참고하여 여행 코스를 계획하는 경우 왼쪽의 복잡한 지도를 참고하여 여행 코스를 계획할 때 보다 사용되는 시간과 노력을 절약할 수 있을 것입니다. 해당 지도에는 제주의 올레길 여행에 대한 정보를 얻어 여행 코스를 계획하는 데 핵심적인 요소들이 잘 나타나 있기 때문입니다.

도전! 비버챌린지

※ 비버챌린지의 '원 색칠하기(2018, 캐나다)' 문제를 해결해봅시다.

문제의 배경

아래 그림에 있는 원들 중 몇 개는 색을 칠해야 한다. 각각의 원들은 주변의 다른 원들과 선으로 연결되어있다.

- 9개의 원이 있고 다른 원들과 16개의 선들로 연결되어있다.
- 각각의 원 안에 쓰여 있는 식은 그 원과 선으로 연결된 원들 중에서 자신을 제외하고 색을 칠해야하는 원의 개수를 나타낸다.

예를 들어, "=3" 이라고 쓰여 있는 경우에는 그 원과 선으로 연결된 주변 4개의 원들 중에서 정확히 3개의 원에 색칠을 해야 한다는 것을 나타내고, "<4" 라고 쓰여 있는 경우에는 그 원과 선으로 연결된 주변 원들 중에서 4개 보다 적은 개수의 원에 색칠을 해야 한다는 것을 의미한다.

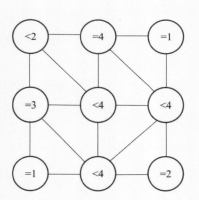

문제/도전

색을 칠해야 하는 원은 모두 몇 개일까?

A) 4   B) 5   C) 6   D) 7

'원 색칠하기' 문제를 어떻게 해결할 수 있을까요?

이 문제의 현재 상태와 목표 상태를 분석해봅시다. 현재 상태는 주어진 3가지 조건에 맞는 원을 색칠하기 전으로 몇 개의 원을 색칠해야 하는지 모르는 상태이며, 목표 상태는 주어진 3가지 조건에 맞는 원을 모두 찾아 몇 개의 원에 색칠해야 하는지 알고 있는 상태입니다.

이 문제를 해결하기 위해서는 특별한 아이디어나 방법이 필요합니다. 만약 특별한 아이디어나 방법이 없이 모든 경우에 대해서 생각해본다면, 9개의 원에 대해서 각각 색을 칠해야 하는지 말아야 하는지에 대한 모든 경우를 살펴보아야 합니다. 이 모든 경우의 수를 따져 보면, 모두 $2^9 = 512$ 가지가 됩니다. 이렇게 모든 경우를 확인하여 문제를 해결할 수 있지만, 시간이 많이 소요됩니다. 하지만 문제를 해결하는 데 꼭 필요한 핵심요소를 추출하여 확인해야 할 경우의 수를 줄여나간다면, 문제 해결에 걸리는 시간과 노력을 절약하여 더욱 쉽고 효율적으로 문제를 해결할 수 있습니다.

문제 풀이 과정에서 핵심요소 추출에 관한 내용이 나오지 않아서 문제 풀이 과정에 핵심요소 추출과 연관 지은 서술이 추가되어야 할 것 같습니다.

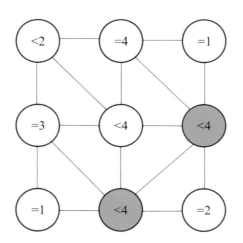

이와 마찬가지 방법으로 '=4'라고 쓰여 있는 첫 줄의 가운데 있는 원을 살펴보면, 주변에 연결된 원이 4개이므로, 연결된 4개의 원을 다음과 같이 색칠할 수 있습니다.

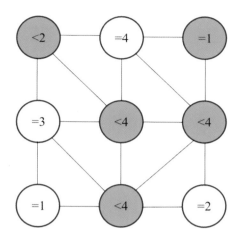

이렇게 색을 칠하고, 나머지 원들에 쓰여 있는 식들을 모두 살펴보면, 더 이상 색을 칠하지 않아도 된다는 것을 알 수 있습니다. 다시 말해

- '=1' 원에 색을 칠하면, '=3' 원에 쓰여 있는 식을 만족시킬 수 없습니다.
- '=2' 원에 색을 칠하면, 그 위에 있는 원의 '<4' 식을 만족시킬 수 없습니다.
- '=3' 원에 색을 칠하면, 그 위에 있는 원의 '<2' 식을 만족시킬 수 없습니다.
- '=4' 원에 색을 칠하면, 그 오른쪽에 있는 원의 '=1'의 식을 만족시킬 수 없습니다.
'=4' 원부터 생각해도, 비슷한 방법으로 같은 결과를 얻을 수 있습니다.

따라서 주어진 문제에서 색을 칠해야 하는 원의 개수는 모두 5개임을 알 수 있습니다.

문제분석과 핵심요소 추출은 문제를 효율적으로 해결하기 위해 필수적인 컴퓨팅 사고 전략입니다. 지금까지 학습 경험을 바탕으로 비버챌린지의 '막대기와 방패(2017, 일본)' 문제 해결에 도전해봅시다.

문제의 배경

루시아는 7명의 친구와 함께 막대기와 방패 놀이를 하고 있다. 다음 그림은 7명의 친구들이 가장 좋아하는 자세를 각각 보여준다.

그들은 학교 운동장에서 어떤 사진을 찍기를 원한다. 그 사진에서 모든 막대기는 다른 비버를 가리켜야 하며, 모든 방패는 그 막대기들을 막는 방향이어야 한다. 루시아는 먼저 아래처럼 한 자리를 차지했다.

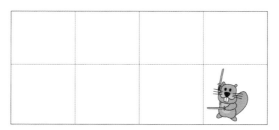

문제/도전

문제에서 주어진 조건에 따라 비버들을 배치해보자.

스스로 평가하기

평가문항	매우 우수	우수	보통
문제분석의 개념을 설명할 수 있나요?			
비버챌린지 문제의 초기 상태와 목표 상태를 파악할 수 있나요?			
핵심요소 추출의 개념을 설명할 수 있나요?			
비버챌린지 문제 해결을 위해 핵심요소를 추출할 수 있나요?			

ME
MO

5장

엘리베이터

학습내용 문제 분석, 알고리즘의 개념, 알고리즘의 표현 방법

학습목표 - 실생활 문제 상황에서 문제의 현재 상태, 목표 상태를 이해하고 목표 상태에 도달하기 위해 수행해야 할 작업을 분석한다.

- 문제 해결을 위한 다양한 방법과 절차를 탐색하고 명확하게 표현한다.

5장

엘리베이터

여러분이 만약 여행을 떠난다면 가방에 무엇을 챙기고 싶은가요? 필요한 것이 무엇인지 곰곰이 생각한 후, 내가 가진 가방에 모두 담을 수 있도록 잘 정리하여야 할 것입니다. 만약 비행기를 타고 다른 지역으로 이동한다면 항공사에서 지정한 최대 무게를 넘기지 않도록 짐을 잘 꾸려야 할 것입니다. 필요한 짐을 모두 가지고 가고 싶다면 여러 개의 가방에 나누어 넣을 수 있겠지요. 이처럼 여행 가방을 꾸리기 위해서는 다양한 방법과 절차를 탐색하고 실행해야 합니다.

필요한 짐을 두 개의 여행용 가방에 넣는다고 가정하고 여행용품을 나누는 방법에 대해 생각해봅시다. 짐을 정리하기 위해서는 다양한 방법과 절차를 탐색하고 실행해야 합니다.

이번 챕터에서는 비버 챌린지의 '엘리베이터' 문제를 통해 문제를 해결하기 위해 필수적인 요소를 찾고, 이를 바탕으로 주어진 문제를 해결하는 방법과 절차를 탐색하는 활동을 학습하겠습니다.

문제를 해결해야 하는 상황을 만나면 문제를 해결하기 위해 다양한 방법과 순서를 생각하게 됩니다. 그 후 다양한 방법 중 문제를 해결에 가장 적합한 해결 방법을 선택하고 일정한 순서에 따라 해결 방법을 수행하면서 문제를 해결할 수 있습니다.

주어진 문제를 해결하기 위해 해결 절차와 방법을 구체적으로 표현해 놓은 것을 알고리즘이라고 합니다. 알고리즘은 일상생활의 다양한 문제를 해결하는 데 활용할 수 있을 뿐만 아니라 컴퓨터를 이용하여 자료를 입력받고 처리하는 과정에서 중요하게 사용할 수 있습니다.

모호한 표현의 예: '사과와 배 2개'라고 쓰인 알고리즘은 모호한 표현이 될 수 있습니다. 왜냐하면 듣는 사람에 따라 '사과 2개, 배 2개'를 떠올릴 수 있고, '사과 1개, 배 1개'를 떠올릴 수 있기 때문입니다.

알고리즘은 그것을 읽는 모든 사람이 동일한 작업을 수행할 수 있도록 모호하지 않게 표현되어야 합니다. 따라서 알고리즘은 아래와 같이 5가지 요건을 만족하는 것이 일반적입니다.

1. **입력**: 필요한 자료를 입력받을 수 있어야 합니다.
2. **출력**: 알고리즘이 실행되면 적어도 한 가지 이상의 결과가 출력되어야 합니다.
3. **명확성**: 알고리즘을 구성하는 각 명령어는 의미가 분명해야 합니다.
4. **실행 가능성**: 알고리즘의 각 명령어는 논리적으로 수행 가능해야 합니다.
5. **유한성**: 알고리즘은 명령대로 수행된 후 반드시 종료되어야 합니다.

생각열기에서 주어진 문제를 해결하기 위해 여행에 필요한 짐을 여러 개의 가방에 정리하는 방법 및 절차는 다양할 수 있습니다. 여행 가방의 무게 제한, 여행 가방의 크기, 여행에 가지고 가야 하는 짐의 개수와 종류에 따라 짐을 정리하는 알고리즘이 다를 수 있습니다. 또한 짐을 정리하는 사람에 따라 다른 알고리즘을 작성할 수 있습니다.

도전! 비버챌린지

※ 비버챌린지의 '엘리베이터(2018, 스위스)' 문제를 해결해봅시다.

문제의 배경

국립공원으로 여행을 온 비버들이 엘리베이터를 타고 전망대로 올라가 관람하려고 한다. 그런데, 시간이 늦고 어두워져 엘리베이터가 두 번만 더 올라갈 수 있다. 전망대로 올라가는 엘리베이터에는 최대 30kg까지만 탈 수 있다.

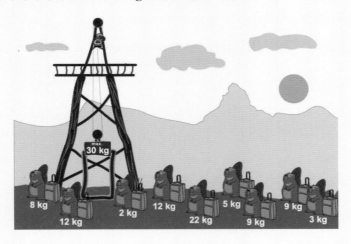

문제/도전

각자의 짐을 가지고 있는 비버들을 최대한 많이 전망대로 올리기 위해서, 2대의 엘리베이터로 나누어 끌어다 넣으시오.

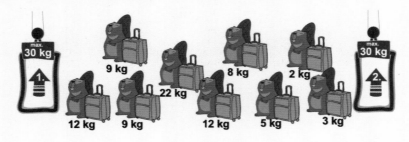

컴퓨팅 사고력 키우기

'엘리베이터' 문제를 어떻게 해결할 수 있을까요?

이 문제의 현재 상태와 목표 상태를 분석하여 봅시다. 현재 상태는 두 개의 엘리베이터에 어떻게 비버를 태워야 하는지 모르는 상태이며, 목표 상태는 두 대의 엘리베이터에 최대한 많은 수의 비버를 태운 상태입니다.

이 문제를 해결하기 위해서는 특별한 아이디어나 방법이 필요합니다. 먼저 모든 경우에 대해서 생각해본다면, 9명의 비버를 2대의 엘리베이터로 나누는 모든 경우를 살펴보아야 합니다. 이 모든 경우의 수를 따져 보면, 모든 2^9=512가지가 됩니다. 하지만, 문제를 해결하는데 핵심적인 부분이 무엇인지 간추려 보고 불필요한 부분을 제거하여 가능한 경우의 수를 줄여나가는 논리적인 문제 해결 과정(알고리즘)을 단계적으로 진행해 나간다면, 따져 보아야 할 경우의 수들을 크게 줄일 수 있습니다.

• 정렬이란 항목들을 체계적으로 정리하여 원하는 형태로 재배치하는 과정을 말하며 이를 통해 특정 항목을 보다 빠르게 탐색할 수 있다. '1, 2, 3, 4, …, 100'과 같이 값이 커지는 순서대로 정리하는 오름차순 정렬과 '100, 99, 98, …, 1'과 같이 값이 작아지는 순서대로 정리하는 내림차순 정렬로 나뉜다.

주어진 그림에서 비버는 총 9명이고 총 무게는 9+22+8+2+12+9+12+5+3=82kg 입니다. 하지만 엘리베이터로 옮길 수 있는 최대 무게는 30+30=60kg 입니다. 그리고 9kg, 22kg, 8kg, 2kg, 12kg, 9kg, 12kg, 5kg, 3kg를 오름차순으로 정렬하면 2kg, 3kg, 5kg, 8kg, 9kg, 9kg, 12kg, 12kg, 22kg 입니다.

낮은 무게부터 더하여 60kg을 만드는 방법은 2kg + 3kg + 5kg + 8kg + 9kg + 9kg + 12kg + 12kg = 60kg 입니다. 그럼 2kg, 3kg, 5kg, 8kg, 9kg, 9kg, 12kg, 12kg을 2개의 엘리베이터에 나눌 수 있을까요?

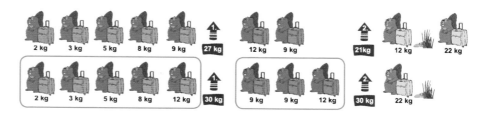

하나의 엘리베이터에 2kg, 3kg, 5kg, 8kg, 12kg으로 30kg을 채울 수 있습니다. 다른 엘리베이터에는 9kg, 9kg, 12kg으로 나머지 30kg을 채울 수 있습니다. 최대로 채울 수 있는 비버의 수는 총 8마리입니다.

한 걸음 더!

　알고리즘은 일상생활을 다양한 문제를 해결하는 데 활용할 수 있을 뿐만 아니라 컴퓨터를 이용하여 자료를 입력받고 처리하는 과정에서 중요하게 사용될 수 있습니다. 지금까지의 학습 경험을 바탕으로 '엘리베이터' 문제를 수정하여 보고 그 해결 방법과 절차를 생각하여 봅시다.

1. 문제에 주어진 비버의 수와 무게, 엘리베이터 최대 무게와 개수 등을 바꿔서 제시하여 봅시다.

　가) 비버의 수 및 무게

　　• 비버의 수 (　　　　)

　　• 각 비버의 무게

비버	1	2	3	4	5	6	7	8	9	10
무게										

　※ 비버의 수가 10 이상이면 표를 더 그려 넣으세요.

　나) 엘리베이터의 최대 무게 및 개수

　　• 최대 무게 (　　　　)

　　• 개수 (　　　　)

2. 만든 문제를 해결하는 방법과 절차를 생각해보고, 그 과정을 명확하게 표현해 봅시다.

스스로 평가하기

평가문항	매우 우수	우수	보통
비버챌린지 문제의 초기 상태와 목표 상태를 파악할 수 있나요?			
비버챌린지 문제 해결을 위해 핵심요소를 추출할 수 있나요?			
문제 해결을 위한 다양한 방법과 절차를 탐색하고 이를 명확하게 표현할 수 있나요?			
알고리즘의 의미를 설명할 수 있나요?			

6장

이쑤시개 게임

6장

이쑤시개 게임

여러분, 비버 리비아(Livia)가 여러분의 도움을 기다리고 있습니다. 리비아가 대중교통을 이용해 A, B, C, D, E 마을에 있는 친구 집에 모두 방문하여 내일 열리는 파티 초대장을 주려고 합니다. 같은 마을을 두 번 방문하지 않고, 모든 마을을 방문한 후, 마지막에 다시 자기 집으로 돌아오고 싶어합니다. 다른 마을로 이동하는데 필요한 대중교통 요금은 아래 그림과 같답니다. 어떤 방법으로 이동하면 교통비를 가장 적게 들여 다녀올 수 있을까요?

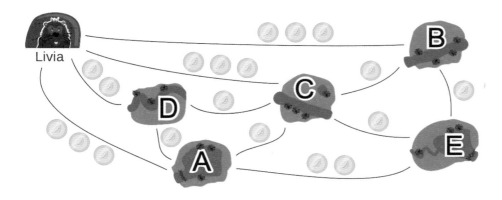

리비아가 모든 마을을 방문하는 방법은 여러 가지가 있어요. 하지만, 그 중 대중교통비를 가장 적게 들여 방문하는 방법은 2가지가 있답니다. 여러분 찾으셨나요?

문제를 효율적으로 해결하기 위해서는 다양한 방법을 찾아 최적의 방법을 선택하는 것은 매우 중요합니다. 최적의 방법은 어떻게 찾을 수 있을까요?

이번 챕터에서는 비버챌린지의 '이쑤시개 게임' 문제를 해결하는 과정을 생각해보며 알고리즘으로 구상해보는 과정을 학습해 보겠습니다.

같은 문제를 해결하는 다양한 알고리즘이 존재한다면 어떤 알고리즘을 선택하는 것이 좋을까요? 문제를 해결하는 알고리즘에 따라 문제를 해결하는 시간과 비용이 서로 다를 수 있으므로 효율적인 알고리즘을 선택하는 것이 매우 중요합니다.

리비아 문제에서 보면 한 번에 모든 친구 집들을 방문하고, 마지막에 다시 자기 집으로 돌아오는 방법은 여러 가지가 있습니다.

동전 10개의 교통비로 다녀오는 방법은 다음과 같은 10가지가 있고,

집 → A → D → C → E → B → 집
집 → A → E → B → C → D → 집
집 → B → C → E → A → D → 집
집 → B → E → A → C → D → 집
집 → B → E → C → D → A → 집
집 → C → B → E → A → D → 집
집 → D → A → E → B → C → 집
집 → D → A → E → C → B → 집
집 → D → C → A → E → B → 집
집 → D → C → B → E → A → 집

동전 11개의 교통비로 다녀오는 방법은 다음과 같은 2가지가 있습니다.

집 → B → E → A → D → C → 집
집 → C → D → A → E → B → 집

또한 동전 9개의 교통비로 다녀오는 방법은 아래와 같이 2가지 방법이 있습니다.

집 → B → E → C → A → D → 집
집 → D → A → C → E → B → 집

따라서 생각열기에 제시된 문제는 동전 9개의 교통비로 다녀올 수 있는 코스를 선택하는 것이 비용 면에서 더 효율적인 알고리즘이라는 것을 알 수 있겠죠?

이 문제를 해결하기 위해 사용한 문제해결 방법은 무엇일까요? 바로 모든 경우를 따져보는 방법입니다. 문제를 해결하는 아이디어를 찾기 위해서는 이런 방법 외에도 다양한 방법을 활용할 수 있습니다. 즉, 문제 상황에 나타난 일정한 규칙을 찾아볼 수도 있고(규칙성 찾기), 문제를 작은 부분으로 나누어 볼 수도 있으며(분해하기), 문제의 전체 과정을 거꾸로 거슬러 올라가면서 해결하는 방법도 있습니다(거꾸로 풀기). 또한 여러 번의 문제해결을 위한 시도를 통해 시행착오를 겪어보면서 해법을 찾아볼 수도 있습니다.

미소 짓는 얼굴의 규칙성 찾기

복잡한 그림을 분할하여 숨은그림찾기

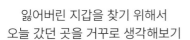

잃어버린 지갑을 찾기 위해서
오늘 갔던 곳을 거꾸로 생각해보기

잃어버린 스마트폰의 패턴을 찾기 위해
시행착오 거듭하기

이처럼 문제를 해결하기 위한 아이디어를 찾기 위해서는 다양한 방법을 활용할 수 있습니다.

도전! 비버챌린지

※ 비버챌린지의 '이쑤시개 게임(2017, 헝가리)' 문제를 해결해봅시다.

문제의 배경

헬가와 밥은 이쑤시개로 게임을 한다. 탁자 위에 두 개의 이쑤시개 모둠이 있다. 헬가와 밥은 자신의 차례가 되면 두 개의 이쑤시개 모둠 중 하나를 버리고, 남아있는 이쑤시개 모둠을 두 개의 모둠으로 나눈 후, 상대방에게 차례를 넘긴다.

1개씩 두 개의 모둠으로 나누면 승리하게 된다.

헬가가 게임을 먼저 시작한다.

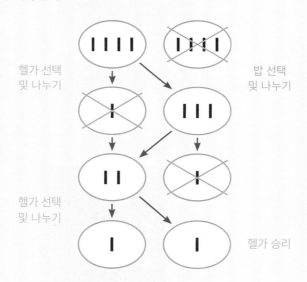

문제/도전

게임은 두 개의 모둠으로 나누어진 24개의 이쑤시개로 시작합니다. 주어진 보기와 같이 두 개의 모둠을 가지고 게임을 시작하였을 때, 헬가가 어떤 경우에 게임에서 이길 수 있습니까? 헬가가 이길 수 있는 모둠을 고르시오.

A) 7과 17

B) 9와 15

C) 11과 13

D) 12와 12

컴퓨팅 사고력 키우기

'이쑤시개 게임' 문제를 어떻게 해결 수 있을까요?

이 문제의 현재 상태와 목표 상태를 분석해봅시다. 현재 상태는 헬가가 먼저 게임을 시작하며 처음에 어떤 이쑤시개 모둠을 선택할지 모르는 상태입니다. 목표 상태는 마지막으로 헬가가 2개의 이쑤시개가 있는 모둠을 선택하여 1개씩 두 개의 모둠으로 만들어 게임에 승리하는 상태입니다.

≪ 이쑤시개 게임

이 문제를 해결하기 위해서는 모든 경우에 대해서 반드시 이길 수 있는 상태를 만들어 상대방에게 넘겨주어야 합니다. 그리고 헬가의 차례가 지난 후에도 헬가가 이기는 상태는 변하지 않아야 하고, 밥이 이기는 상태를 만들 수 없게 해야 합니다. 그리고 그러한 상태를 계속 만들어 게임이 끝날 때까지 그 상태가 유지 되어야 합니다.

시작하는 위치가 항상 정해져 있는 게임들은 승리 전략을 만들 수 있지만, 가능한 모든 경우에 대해서 계산하는 것은 대부분의 경우 매우 어렵습니다.

이 게임에서 반드시 이길 수 있는 전략을 어떻게 찾을 수 있을까요? 모든 경우의 수를 고려하여 그 해결 절차(알고리즘)를 생각해 볼 수 있습니다.

이 문제를 해결하기 위한 절차(알고리즘)를 생각해봅시다.

임의의 짝수는 '홀수 + 홀수' 또는 '짝수 + 짝수'로 나누어질 수 있습니다. 예를 들면 '10 = 5(홀수) + 5(홀수)' 또는 '10 = 2(짝수) + 8(짝수)'인 것이지요. 하지만 홀수는 '홀수 + 짝수'의 형태로만 나누어질 수 있습니다. 예를 들면 '9 = 3(홀수) + 6(짝수)' 인 것과 같습니다.

따라서 이 게임에서 어떤 플레이어가 홀수 개로 이루어진 두 개의 모둠을 받으면, 어느 한 모둠을 버리더라도, 나머지 모둠을 다시 나누면 그 중 하나는 반드시 하나는 홀수 개의 모둠이 되고, 다른 모둠은 짝수 개의 모둠이 됩니다(홀수 = 홀수 + 짝수이므로). 그렇게 두 개의 모둠으로 만들어진 것을 다시 돌려받게 되면, 두 개의 모둠 중 홀수 개의 모둠을 버리고 다른 (짝수 개의) 모둠을 홀수 개의 이쑤시개로 이루어진 두 개의 모둠으로 다시 나누어 상대방에게 넘겨주면 됩니다.

만약 짝수 개의 이쑤시개로 이루어진 두 개의 모둠을 받으면서 시작하면, 그 플레이어는 짝수 개를 선택하여 양쪽을 홀수 개로 나누어 줄 가능성이 있습니다. 즉, 상대방이 짝수 개의 이쑤시개를 갖고, 홀수 개로 이루어진 두 모둠을 헬가에게 전달하면, 헬가는 받은 이쑤시개 중 어떤 모둠을 선택하더라도 두 개의 홀수 개의 모둠으로 나눌 수 없게 되어 게임에서 이길 수 없습니다.

• 이러한 전략은 초창기 인공지능 게임을 개발할 때 폭넓게 적용되었다. 즉, 인간과 소프트웨어가 대결하는 게임에서 인간을 특정한 상황에 가두어두고, 그 상황을 유지함으로써 소프트웨어가 승리하게 만드는 필승 전략이기 때문이다.

하지만 이러한 전략은 이 게임에서 승리하기 위한 조건으로서는 충분하지 않습니다. 플레이어가 먼저 시작하는 것도 또한 중요합니다. 따라서 주어진 문제에서 헬가가 먼저 게임을 시작하고 두 개의 짝수개의 모둠으로 시작하여 헬가는 계속 짝수만을 선택하고 밥은 홀수만을 선택하게 해야만 헬가가 승리할 수 있다는 것을 알 수 있습니다.

한 걸음 더!

※ 지금까지 학습 경험을 바탕으로 비버챌린지의 '방 배정(2018, 독일)' 문제 해결에 도전해봅시다.

문제의 배경

여학생 컴퓨터 동아리 학생들이 주말여행을 계획하고 있다. 동아리 학생들은 큰 방들이 여러 개 있는 호텔에서 숙박할 예정인데, 각 방에는 최대 6명까지 함께 들어갈 수 있다. 하지만, 어떤 학생들이 같은 방을 써야 하는지는 아직 결정하지 못했다. 여학생들은 함께 방을 쓰고 싶은 학생들에 대해 작성한 카드를 각각 제출하기로 했다.

1. + 위치에는 꼭 같은 방을 쓰고 싶은 매우 친한 학생의 이름을 쓴다.
2. - 위치에는 잘 알지 못하기 때문에 같은 방을 쓰고 싶지 않은 학생의 이름을 쓴다.

동아리 회장은 최대한 모든 학생이 만족할 수 있도록 방을 배정하려고 한다.

문제/도전

학생들이 낸 카드를 3개의 방으로 나누어 배정해보자.

Alina +:Lilli -:	Emma +: -:Alina	Lara +: -:Emma	Lilli +: -:Lara	Mia +:Emma,Zoe -:	Zoe +:Mia -:Alina

스스로 평가하기

평가문항	매우 우수	우수	보통
비버챌린지 문제의 초기 상태와 목표 상태를 파악할 수 있나요?			
다양한 방법을 통해 문제를 해결하는 방법을 구상할 수 있나요?			

7장

세 친구

학습내용 알고리즘의 중요성

학습목표 논리적인 문제 해결 절차인 알고리즘의 의미와 중요성을 이해하고
실생활 문제의 해결과정을 알고리즘으로 구상한다.

7장

세 친구

생각열기

부산에 사는 지훈이네 학급 친구들이 지하철 1호선 서울시티투어 체험학습을 하는 중입니다. 지훈팀, 정아팀, 미영팀이 각각 따로 활동한 후, 이동 거리가 가장 짧은 역에서 다시 모이기로 했습니다.

각 팀의 현재 위치가 아래와 같을 때, 이동 거리의 합이 가장 짧은 지하철역은 어디일까요?

• 지하철역 간의 이동 거리는 동일하다고 가정합니다.

우리는 일상생활의 문제를 해결하기 위해 다양한 방법 중 가장 효율적인 방법을 찾기 위해 노력을 하게 됩니다. 위 문제의 경우 이동 거리의 합이 가장 짧은 지하철역의 범위를 어떻게 설정하는지에 따라 알고리즘의 효율성이 달라집니다. 일반적으로 문제 해결을 위한 탐색의 범위를 줄이는 것이 알고리즘의 효율성을 높이는 방법임을 알 수 있습니다.

이번 챕터에서는 비버챌린지의 '세 친구' 문제를 통해 실생활 문제를 해결하기 위해 효율적인 알고리즘을 구상하는 방법에 대해 학습해보겠습니다.

알고리즘의 효율성: 어떤 문제를 해결하는 절차와 방법인 알고리즘은 경우에 따라 여러 가지일 수 있다. 그 중 가장 빠르게 문제를 해결할 수 있는 알고리즘이 가장 효율적이라고 할 수 있다.

'지하철역 문제'를 해결하기 위한 방법과 절차를 탐색하고, 가장 효율적인 문제 해결 방법을 찾아볼까요?

≪ 지하철역 문제의 현재 상태

탐색(searching): 검색이라고도 하며, 탐색 범위에 있는 원소들을 검사하여 답을 찾는 과정을 뜻한다. 숨은그림찾기, 보물찾기, 인터넷 검색 등이 일상생활 속에서의 탐색 사례이다.

가장 먼저 해야 할 일은 문제를 분석하는 일입니다. 이 문제의 현재 상태는 지훈, 정아, 미영이 각각 다른 지하철역에 있는 상태이며, 목표 상태는 지훈, 정아, 미영 팀의 모일 수 있는 지하철역을 탐색하여 이동 거리가 가장 짧은 역을 구하는 것입니다. 따라서 이 문제를 해결할 수 있는 알고리즘 중 하나는 그림에 제시된 모든 역을 탐색하는 것입니다. 즉, 서울역부터 청량리역까지의 10개 역에 대해 지훈팀, 정아팀, 미영팀이 이동하는 거리의 합을 계산한 후 그 합이 가장 짧은 역을 찾는 것이지요.

이때, 지훈팀의 왼쪽에 있는 서울역과 미영팀의 오른쪽에 있는 신설동, 제기동, 청량리는 탐색 범위에서 제외해도 됩니다. 세 팀 모두 이동 거리가 멀어지는 경우이기 때문입니다. 이에 따라 정답은 시청, 종각, 종로3가, 종로5가, 동대문, 동묘앞 역 중 하나임을 알 수 있습니다. 이러한 생각을 바탕으로 각 지하철역에 따른 팀별 이동 거리 및 합을 계산해보면 다음과 같습니다.

장소＼이름	지훈	정아	미영	이동 거리 합
시청	0	2	5	7
종각	1	1	4	6
종로3가	2	0	3	5
종로5가	3	1	2	6
동대문	4	2	1	7
동묘	5	3	0	8

그리고 이동 거리 합이 가장 작은 지하철역은 정아팀이 있는 '종로3가' 역임을 쉽게 찾을 수 있습니다. 이와 같이 문제분석 결과에 따라 탐색 범위를 줄인 후 답을 찾아 나간다면 알고리즘의 효율성을 높일 수 있는 것입니다.

탐색 범위: 탐색 공간이라고도 하며, 답이 존재할 수 있는 영역의 크기를 뜻하는 것이다. 탐색 범위가 작을수록 답을 찾는데 시간이 적게 걸리므로 알고리즘의 효율성을 높일 수 있다.

도전! 비버챌린지

※ 비버챌린지의 '세 친구(2018, 베트남)' 문제를 해결해봅시다.

문제의 배경

밥(Bob, 🚲), 앨리스(Alice, 🛹), 제니(Jenny, 🛴)가 각각 자기 놀이기구를 가지고, 세 곳에서 따로 따로 놀고 있다. 친구들이 있는 위치는 놀이기구 그림으로 표시되어있다. 세 명의 친구들은 함께 모여 놀 장소를 찾고 있다. 어떤 장소까지 이동하는데 필요한 거리는 위쪽/아래쪽/왼쪽/오른쪽 방향으로 이동하는 가장 적은 칸수로 나타낸다.

예시: 예를 들어 앨리스가 있는 🛹 위치에서, ▲ 까지 이동하기 위해서는 6칸(왼쪽으로 3칸, 위쪽으로 3칸) 이동해야 한다.

문제/도전

세 명의 친구가 현재 위치에서 이동해서 함께 모일 때, 그 이동 거리의 합이 가장 짧은 장소는 어디일까?

(빨간 사각형, 파란 삼각형, 녹색 원, 노란 마름모 위치 중 하나를 선택하도록 한다.)

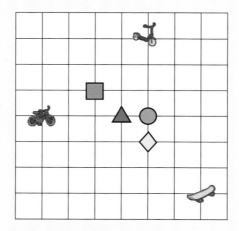

'세 친구' 문제를 어떻게 해결할 수 있을까요?

이 문제의 현재 상태와 목표 상태를 분석해봅시다. 현재 상태는 밥(Bob, 🚲), 앨리스(Alice, 🛹), 제니(Jenny, 🛴)의 이동 거리 합이 최소가 되는 지점을 모르는 상태이며, 목표 상태는 그것을 모두 알아낸 상태입니다.

이 문제를 해결하는데 핵심 요소는 세 친구(밥, 앨리스, 제니)와 네 지점(사각형, 삼각형, 마름모, 원)의 위치(좌표)입니다. 이를 바탕으로 친구들의 현재 위치에서 각 지점까지의 이동 거리의 합을 구해야 합니다. 그런 다음 합의 크기가 가장 작은 곳을 찾으면, 그것이 바로 '이동 거리의 합이 가장 짧은 지점'이 되는 것입니다.

핵심 요소: 문제에 포함된 자료나 정보 중 문제 해결에 필수적인 요소를 뜻한다.

- ■ : 제니(4) + 밥(3) + 앨리스(8) = 15
- ▲ : 제니(4) + 밥(3) + 앨리스(6) = 13
- ◇ : 제니(4) + 밥(5) + 앨리스(4) = 13
- ● : 제니(3) + 밥(4) + 앨리스(5) = 12

따라서 이동 거리 합이 가장 작은 지점인 ● 가 답이 됩니다.

만약, 아래 그림처럼 네 지점(■ , ▲ , ◇ , ●)을 제시하지 않았다면, 세 친구들의 이동 거리 합이 가장 작은 지점(최소 이동 지점)을 찾아야 한다면 어떻게 해야 할까요?

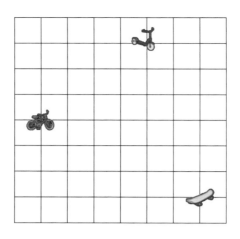

⟰ 전체 지점 중 이동 거리 합이 최소인 지점을 찾아라!

　　문제에서 제시한 모든 지점의 수는 81개입니다. 따라서 81개의 지점에 대한 이동 거리 합을 구한 다음 비교하는 방법을 생각할 수 있습니다. 그러나 이것은 매우 비효율적입니다. 시간이 오래 걸리기 때문이죠. 따라서 보다 효율적인 알고리즘을 생각해 보아야 합니다.

문제 분해: 복잡한 문제를 작은 단위의 문제로 나누는 것을 뜻한다. 각각의 작은 문제를 해결하는 방법을 연결하면 원래 문제를 해결할 수 있다.

　　세 친구는 가로 또는 세로 방향으로만 이동할 수 있으므로, 가로 방향에서의 최소 이동 지점과 세로 방향에서의 최소 이동 지점으로 나누어 생각해봅시다. 즉, '가로축 기준의 최소 이동 지점 찾기 문제'와 '세로축 기준의 최소 이동 지점 찾기 문제'로 원래 문제를 나누어 해결해보자는 것입니다.

[1단계] 먼저 가로축을 기준으로 세 친구의 위치를 표현해보면 다음과 같습니다.

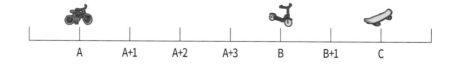

　　앞서 살펴본 '지하철역' 문제가 떠오르지 않나요? 따라서 9개 지점을 모두 따져볼 필요 없이 A~C지점 중 '최소 이동 지점'을 찾으면 됩니다. 이것을 아래 표와 같이 계산하면 제니( )가 있는 B지점임을 알 수 있습니다.

친구 지점	밥( )	앨리스( )	제니( )	이동 거리 합
A	0	6	4	10
A+1	1	5	3	9
A+2	2	4	2	8
A+3	3	3	1	7
B	4	2	0	6
B+1	5	1	1	7
C	6	0	2	8

[2단계] 이번에는 세로축을 기준으로 친구의 위치를 표현해보겠습니다. 이렇게 하면, 밥( )이 있는 E지점이 '최소 이동 지점'임을 쉽게 알 수 있습니다. 그곳이 중간 지점이기 때문입니다.

[3단계] 마지막으로 [1단계]에서 찾은 지점인 제니( )열을 빨간색 선으로, [2단계]에서 찾은 지점인 밥( ) 행을 노란색 선으로 표현해봅시다. 그리고 나면 두 지점이 만나는 곳을 찾을 수 있으며, 그곳이 바로 ⬤ 이 있는 곳입니다. 앞서 75페이지에서 찾은 답과 동일한 답임을 알 수 있습니다.

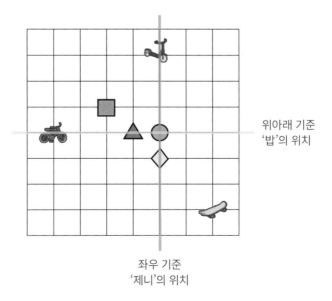

위아래 기준
'밥'의 위치

좌우 기준
'제니'의 위치

한 걸음 더!

소스 코드
- 스크래치: https://scratch.mit.edu/projects/334970323/
- 엔트리: http://bit.ly/2nySiCU

문제 해결을 위해 탐색 범위를 줄임으로써 알고리즘의 효율성을 높이는 것은 답을 빠르게 찾기 위해 중요한 과정이라 할 수 있습니다. 지금까지의 학습경험을 바탕으로 '세 친구' 문제를 해결하는 방법을 프로그램으로 작성하여 봅시다. 그리고 임의의 지점에서 세 친구까지의 이동 거리 합을 구할 수 있는 기능도 추가하여 봅시다.

1) 밥, 앨리스, 제니 오브젝트의 x좌표, y좌표 위치를 설정합니다.
예) 밥의 위치(x,y)는 (30,0), 제니는 (30,90), 앨리스는 (90,-90)으로 설정

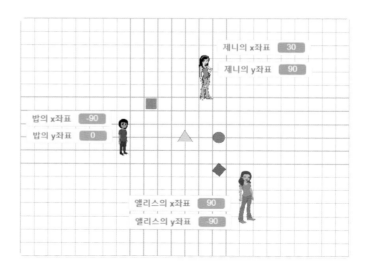

2. 세 친구(밥, 제니, 앨리스)의 위치에서 각 지점(사각형, 삼각형, 마름모, 원)까지의 이동 거리 합을 구하는 코드를 작성합니다.

1) 변수 설정하기
예) '밥': 밥~지점까지 거리, '제니': 제니~지점까지 거리, '앨리스': 앨리스~지점까지 거리

2) 각 지점에 기능 설정하기

예) 각 기점을 클릭했을 때 세 친구의 밥, 제니, 앨리스로부터의 이동 거리 합 말하기

3) 코드 작성하기

예) 장소 지점을 표현하는 도형에 아래와 같은 코드를 추가합니다.

4) 임의의 지점에서의 이동 거리 합 구하기

예) 임의의 지점과 세 친구 사이의 이동 거리 합을 구하고 싶다면 지점을 표현하는 도형 중 1개의 도형에 아래의 코드를 추가해 봅니다.

• 이 코드를 실행하려면 스페이스 키를 누른 채로 마우스를 클릭해야 합니다.

스스로 평가하기

평가문항	매우 우수	우수	보통
알고리즘의 개념을 설명할 수 있나요?			
효율적인 알고리즘이 필요한 이유를 설명할 수 있나요?			
비버챌린지 문제를 효율적인 방법으로 해결할 수 있나요?			

8장

함께 일하기

8장

함께 일하기

생각열기

여러분은 스스로 요리를 해본 적이 있나요? 만약 요리를 한다면 재료만 준비되면 바로 요리를 만들 수 있나요? 맛있는 요리를 하기 위해 재료와 또 무엇이 필요할까요?

맛있는 요리는 필요한 재료만으로 만들어질까요? 우리가 TV나 인터넷에서 소개되는 맛집을 떠올려 보면 신선한 재료 이외에 공통으로 가지고 있는 것이 있습니다. 그것은 맛집만 가진 요리비결 바로 요리 레시피입니다. 요리를 하기 위해서는 먼저 머릿속으로 재료를 생각하고 적당한 조리 방법을 생각해야 하는데, 이렇게 요리하는 과정을 순서대로 명확하게 표현한 것을 레시피라고 합니다. 같은 재료를 가지고 얼마나 그리고 어떻게 조리하느냐에 따라 완성된 요리의 맛을 결정되기 때문에 요리에는 레시피가 매우 중요합니다.

이렇게 요리를 하는 것은 실생활의 문제를 해결하는 과정과 닮았습니다. 요리를 하기 전 레시피를 먼저 떠 올리듯 문제를 해결하기 위해서는 먼저 문제를 해결을 위한 방법과 절차를 순서대로 작성한 알고리즘을 떠올려야 합니다. 요리에서 조리 순서가 바뀌거나 재료의 양이 바뀌면 완성된 요리의 맛이 달라지듯 문제 해결에서도 알고리즘에 따라 문제 해결 과정과 결과가 달라질 수 있기 때문입니다. 따라서 알고리즘은 문제 해결에서 매우 중요한 요소입니다.

그렇다면 우리는 요리를 하기 위한 레시피처럼 누가 보아도 정확히 이해할 수 있도록 문제를 해결할 수 있도록 문제 해결 방법과 절차를 명확하게 표현 방법에는 어떤 것들이 있을까요?

이번 챕터에서는 비버챌린지의 '함께 일하기' 문제를 통해 그 해결 과정을 표현하는 '알고리즘 표현하기'에 대해 학습해 보겠습니다.

작성된 알고리즘은 읽는 사람에 따라 다르게 해석되면 안 되므로, 알고리즘을 정확하고 명확하게 표현하는 것이 중요합니다.

알고리즘의 표현 방법이란 문제를 해결하기 위한 절차나 방법을 명확하게 표현하는 것을 의미합니다. 알고리즘의 표현 방법에는 글(자연어), 그림, 순서도, 의사코드 등이 있습니다.

글(자연어)은 알고리즘을 우리가 일상생활에서 사용하는 언어로 나타내는 방법이고, 그림은 한눈에 보기 쉽게 그림으로 표현하는 방법입니다. 실생활에서 글과 그림으로 표현한 알고리즘을 흔히 볼 수 있습니다. 다음은 라면 끓이기 알고리즘을 글과 그림으로 표현한 예시입니다.

라면 조리법 – 라면 끓이기 알고리즘	
글(자연어)	**그림**
1. 냄비에 물 550ml를 넣고 끓이기 2. 면과 분말스프, 후레이크를 넣기 3. 4분간 더 끓이기 4. 불을 끄고 그릇에 옮겨 담는다.	

≪ 알고리즘의 표현 예 – 글과 그림

> 순서도: 약속된 모양의 도형이나 기호, 화살표 등을 이용하여 알고리즘을 표현한 것이다.

> 의사코드: 프로그래밍 언어의 문법에 따라 작성되는 것이 아니라, 일반적인 언어로 코드를 흉내 내어 알고리즘을 표현한 것이다.

순서도는 미리 약속된 도형과 화살표를 이용해 알고리즘을 표현하는 방법으로, 일의 절차나 흐름을 명확하게 표현할 수 있지만, 규모가 크고 복잡한 알고리즘은 그리기 어려운 단점이 있습니다. 의사코드는 프로그래밍 언어와 비슷한 형태로 나타내는 방법으로, 실제 프로그램으로 구현 시 프로그래밍 언어로 변환해 주어야 합니다.

라면 조리법 – 라면 끓이기 알고리즘	
순서도	의사코드
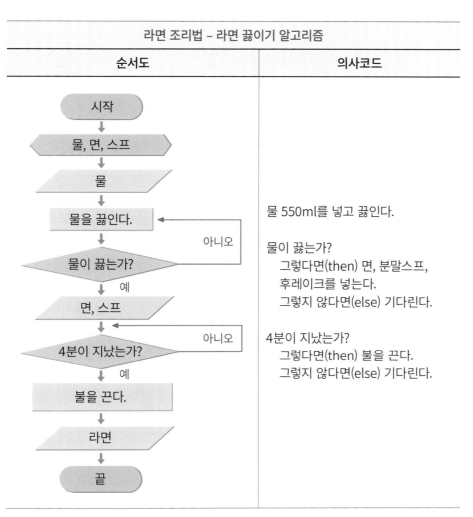	물 550ml를 넣고 끓인다. 물이 끓는가? 　그렇다면(then) 면, 분말스프, 　후레이크를 넣는다. 　그렇지 않다면(else) 기다린다. 4분이 지났는가? 　그렇다면(then) 불을 끈다. 　그렇지 않다면(else) 기다린다.

⌃ 알고리즘의 표현 예 – 순서도, 의사코드

도전! 비버챌린지

※ 비버챌린지의 '함께 일하기(2018, 리투아니아)' 문제를 해결해봅시다.

문제의 배경

두 마리의 비버가 함께 댐을 만들고 있는데, 8가
지의 일을 해야 한다(나무 쓰러트리기, 가지 잘
라내기, 물에 떠우기, 통나무 모으기 등...). A(2),
B(3), C(5), D(7), E(10), F(9), G(4), H(6). 괄호 안
에 적혀있는 수는 그 작업을 완료하기까지 필요
한 시간을 나타낸다. 작업에 따라서 그 전에 완

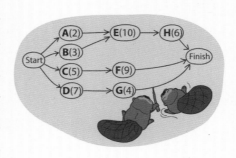

료되어야 하는 작업들 사이의 관계와 순서는 아래 그림처럼 화살표로 표현할 수 있다. 2마
리의 비버는 동시에 서로 다른 작업을 수행할 수 있기 때문에, 동시에 2개의 작업이 같이 실행
될 수 있다.

2마리의 비버는 다음과 같은 계획을 세워 움직인다. 가장 시간이 오래 걸리는 작업을 먼저
선택해 실행하기 때문에, 2마리의 비버가 다음과 같은 순서로 작업을 실행한다.

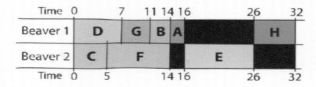

위의 그림을 살펴보면, 댐을 만들 때까지 32시간이 걸린다. 하지만, 다른 순서로 작업을 하면
더 짧은 시간에 댐을 만들 수 있다.

문제/도전

두 마리 비버가 함께 가장 빨리 댐을 만들어낼 수 있는 최소 시간은 몇 시간일까?

(　　　　) 시간

'함께 일하기' 문제를 어떻게 해결할 수 있을까요?

이 문제의 현재 상태와 목표 상태를 분석해봅시다. 현재 상태는 두 마리 비버가 함께 가장 빨리 댐을 만들어낼 수 있는 최소 시간을 구하는 방법을 모르는 상태이며, 목표 상태는 그것을 모두 알아낸 상태입니다.

이 문제를 해결하기 위해 댐 건설 알고리즘을 설계해야 합니다.

댐 건설 알고리즘을 설계하기에 앞서 문제에 나타난 정보들을 분석해야 합니다. 문제에서 요구하는 조건을 만족하기 위해 비버들의 댐 건설 시간을 줄이려면 어떻게 해야 할까요? 주어진 문제에서의 작업 계획을 살펴보면, 첫 번째 비버는 8시간 동안 작업을 하지 않고 쉬는 시간이 있고, 두 번째 비버는 6시간 동안 작업을 하지 않고 쉬는 시간이 있습니다. 두 마리 비버가 함께 가장 빨리 댐을 만들기 위해 비버들이 쉬는 시간을 최소화해야 합니다.

각 작업을 실행하는 순서에 따라 댐 완성까지 걸리는 시간이 달라지므로 두 마리의 비버가 쉬지 않고 계속 작업을 할 수 있는 순서를 찾아야 합니다. 따라서 두 마리의 비버가 가장 최소한의 시간에 댐을 완성할 수 있는 작업 순서(알고리즘)를 찾는 것이 우리가 해결해야 할 문제입니다.

문제를 해결하기 위해서는 작업에 걸리는 시간뿐만 아니라 작업이 수행되기 위한 선행작업도 함께 고려해야 합니다. 비버가 댐을 만들기 위한 작업을 그림으로 나타낸 것이 다음과 같습니다. 작업의 절차나 순서를 표현하기 위해 도형과 화살표(순서도와 비슷한 형태)를 이용해 표현하였습니다.

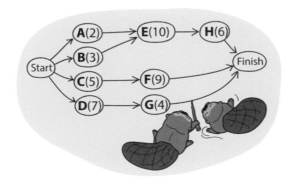

가장 오랜 시간이 걸리는 E(10)와 F(9)를 서로 다른 비버가 하도록 하면, 시간을 줄일 수 있습니다. 아래는 그렇게 두 개의 작업을 나눈 후, 작업 중간에 쉬는 시간이 없도록 다른 작업의 순서를 조정한 작업 계획입니다.

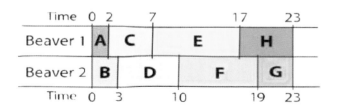

이렇게 작업을 하면 23시간이면 댐을 만들 수 있게 됩니다. 비버들이 일하지 않는 시간을 최소한으로 줄이면, 필요한 전체 시간이 줄어든다는 것을 생각해내는 것이 중요합니다.

• 작업 시간을 줄이려면 쉬는 시간을 줄여야 한다.

이처럼 같은 문제(댐 건설)를 해결하는데 여러 가지 알고리즘을 설계할 수 있고, 이를 다양한 방법으로 표현할 수 있습니다. 즉, 어떤 알고리즘을 적용하느냐에 따라 작업 완료 시간(댐 건설이 완료되는 시간)이 달라질 수 있습니다. 그리고 알고리즘을 설계했다면 다양한 알고리즘 표현 방법 중 자신의 알고리즘을 명확하고 정확하게 설명할 수 있는 방법을 선택하고 표현해야 합니다.

한 걸음 더!

　이 문제에서 제시된 알고리즘 설계와 표현은 정보과학에서 어떤 문제나 상황에서의 기본적인 정보들을 구조화하여 표현하는데 사용되는 방식 중 하나입니다. 지금까지의 학습 경험을 바탕으로 제시된 문제를 다른 형태로 수정해보면서 알고리즘을 설계해보고 다양한 방법으로 표현해 봅시다.

1. 문제에 주어진 댐 건설 알고리즘을 각 작업에 걸리는 시간과 선행작업 조건을 바꿔서 제시하여 봅시다.

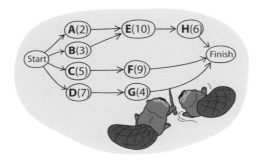

≪ 댐 건설 알고리즘의 표현

작업별 소요 시간 및 선행작업 구상하기

작업	A	B	C	D	E	F	G	H
소요 시간								
선행 작업								

2. 위 구상한 조건에 따라 수정한 댐 건설 알고리즘을 글, 그림, 순서도로 표현하여 봅시다.

글	그림	순서도

스스로 평가하기

평가문항	매우 우수	우수	보통
비버챌린지 문제의 알고리즘을 파악할 수 있나요?			
비버챌린지 문제 해결을 위해 알고리즘을 설계할 수 있나요?			
문제 해결을 위한 알고리즘을 다양한 방법으로 표현할 수 있나요?			

9장

행성 B

학습내용 프로그래밍 언어의 개발 환경

학습목표 프로그래밍 언어의 개발 환경 및 특성을 이해한다.

9장

행성 B

생각열기

여러분은 어떤 외국어를 배워 보았나요? 외국어를 배우다 보면 전 세계에는 다양한 언어들이 있고, 각각의 언어들은 고유한 문법을 가진 것을 알 수 있습니다.

한국   HÁNGUÓ   -ing/to... -ing/to...
like infinitiye
remember
be Gerund
see continue
韓國   韩国   stop would like

컴퓨터에서 실행하기 위한 소프트웨어를 만들거나 실생활의 문제를 해결하기 위한 프로그램을 작성할 때 사용하는 프로그래밍 언어들도 외국어처럼 각각의 언어마다 문법 규칙과 사용방법이 다릅니다.

이번 챕터에서는 비버챌린지의 '행성 B' 문제를 통해 프로그래밍 언어의 문법 규칙에 대해서 이해하여 보고 정해진 규칙에 따라 문제를 해결해 나가는 방법을 학습해 보겠습니다.

> 프로그래밍 언어: 소프트웨어를 만들기 위해 수행해야 할 명령어를 작성해야 하는데 이때 명령어는 컴퓨터가 이해할 수 있는 문법 규칙을 따라 입력해야 한다. 여기에 사용되는 언어를 프로그래밍 언어라 한다. 대표적으로 C, C++, C#, 파이썬, Java 등이 있다.

소프트웨어와 프로그램: 소프트웨어는 하드웨어의 반대말로 컴퓨터 처리에 필요한 자료와 명령어, 프로그램을 통칭하는 말이다. 따라서 프로그램보다 더 넓은 의미이지만, 때때로 비슷한 개념으로 활용된다.

컴퓨터를 이용하여 문제를 해결하려면 작성한 알고리즘을 컴퓨터가 이해할 수 있는 명령어로 다시 표현해야 합니다. 이렇게 만들어진 명령어의 집합을 프로그램(program)이라 하며, 프로그램을 작성하는 과정을 프로그래밍(programming)이라 합니다.

또한 프로그래밍 과정에서 컴퓨터가 이해할 수 있는 언어를 사용해야 하는데 이것을 프로그래밍 언어(programming language)라고 하며, 프로그래밍 언어로 프로그램을 만드는 사람을 프로그래머(programmer)라고 합니다.

프로그래밍 언어의 종류는 다양하며 명령어 블록을 쌓아가며 프로그래밍을 하는 블록 기반 언어와 텍스트로 명령어를 직접 입력하여 프로그래밍하는 텍스트 기반 언어로 나눌 수 있습니다.

구분	블록 기반 프로그래밍 언어		텍스트 기반 프로그래밍 언어	
특징	블록 쌓기처럼 명령어 블록을 쌓아서 프로그래밍하며 엔트리, 스크래치 등이 있다.		텍스트 형태의 명령어를 문법에 맞게 작성하여 프로그래밍하며 C, 파이썬 등이 있다.	
종류	엔트리	스크래치	C언어	파이썬

코드	시작하기 버튼을 클릭했을 때 / 안녕하세요! 을(를) 말하기 ▼	클릭했을 때 / 안녕하세요! 말하기	#include<stdio.h>
			main()
			{
			  printf("안녕하세요!");
			}
				print("안녕하세요!")

출력 결과	안녕하세요!	안녕하세요!	안녕하세요!	안녕하세요!

여러분들은 어떤 프로그래밍 언어를 사용해 보았나요?

각각의 프로그래밍 언어마다 명령어를 사용하기 위해 지켜야 할 문법 규칙과 사용방법이 다르므로 내가 사용할 프로그래밍 언어의 문법과 사용방법을 정확히 이해하고 올바르게 사용해야 합니다.

도전! 비버챌린지

※ 비버챌린지의 '행성 B(2018, 덴마크)' 문제를 해결해봅시다.

문제의 배경

B 행성에 사는 사람들은 도시들을 특별한 방법으로 개발한다. 집 한 채로 시작해서, 다음과 같은 규칙에 따라 바꾸어 나간다.

개발된 것들은 다른 위치로 이동되지 않는다.

예를 들어, 규칙1에 따라 먼저 개발하고 규칙2에 따라 한 번 더 개발한 후, 규칙3에 따라 두 번 더 개발하면, 다음과 같이 된다.

문제/도전

다음 중 B 행성에서 개발된 도시가 아닌 것은?

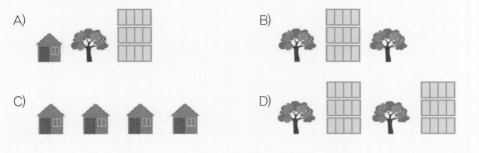

'행성 B' 문제를 어떻게 해결할 수 있을까요?

이 문제의 현재 상태와 목표 상태를 분석해봅시다. 현재 상태는 도시 개발 규칙 1, 2, 3을 알고 있는 상태이며, 목표 상태는 B행성에서 개발된 도시가 아닌 것을 찾아낸 상태입니다.

이 문제를 해결하기 위해서는 도시 개발 규칙을 잘 분석하여 이해하고 정확하게 사용할 줄 알아야 합니다.

조건 분석

▶ 조건 1: 집 한 채로 시작하여 도시를 개발한다.
▶ 조건 2: 개발된 것들은 다른 위치로 이동되지 않는다.

도시 개발 규칙

규칙1	규칙2	규칙3
🏠 → 🏠 🏠	🏠 → 🌳 ▭	▭ → ▤

규칙 분석

▶ 분석1: 🏠 은 🏠🏠 또는 🌳 ▭ 으로 바꿀 수 있다.

  → 즉, 모든 도시는 🏠 또는 🌳 부터 시작하게 된다.

▶ 분석2: ▭ 는 ▤ 로 바꿀 수 있으므로 ▭ 는 ▤ 로 바꿀 수 있다.

  → 즉, ▭ 의 개수는 1개씩 증가할 수 있다.

▶ 분석3: 🌳 의 우측에는 ▭ 가 있어야 한다. 즉, 모든 도시는 🌳 로 끝날 수 없다.

따라서 B)와 같은 도시는 개발될 수 없음을 알 수 있습니다.

이 문제는 특정 항목을 다른 항목들로 바꾸는 특별한 규칙들에 대한 문제입니다. 이러한 규칙들은 정보과학 분야의 여러 가지 프로그래밍 언어에 대한 작성 규칙(syntax)을 나타내는 문법(grammar)에서 사용되기도 합니다. 어떤 언어에서의 문법 규칙이란 문장들을 만드는 정확한 방법을 의미합니다.

한 걸음 더!

지금까지의 학습 경험을 바탕으로 나만의 창의적인 명령어를 만들어 사용하여 봅시다.

명령어 만들기: 문자, 숫자, 그림 등 어느 것이든 가능하다. 단, 행동을 실행하는 데 필요한 요소를 명확히 표현해야 한다.

명령어 만들기

비버 안젤로(Angelo)는 정원을 만드는데 필요한 나무들을 심기 위해 로봇을 구입했다. 로봇의 움직임을 제어하기 위한 명령어를 직접 만들어 보고 빈칸을 채워 봅시다.

명령어	실행 행동
켜기	로봇을 켠다.
	로봇을 X 칸 앞으로 움직인다.
	로봇을 X 칸 뒤로 움직인다.
	로봇을 90°만큼 왼쪽으로 회전시킨다.
	로봇을 90°만큼 오른쪽으로 회전시킨다.
	나무를 심는다.
	중괄호 안에 작성된 명령들을 X 번만큼 반복해서 실행한다.
끄기	로봇의 전원을 끈다.

문제 / 도전

로봇이 시작 지점부터 움직여 화살표를 따라서 제자리까지 돌아올 수 있도록 명령어를 사용하여 프로그램을 작성하여 봅시다.

문제	프로그래밍
Starting position	켜기
	끄기

스스로 평가하기

평가문항	매우 우수	우수	보통
프로그래밍 언어의 문법 규칙 개념을 설명할 수 있나요?			
비버챌린지 문제의 초기 상태와 목표 상태를 파악할 수 있나요?			
주어진 명령어를 사용하여 알고리즘을 작성할 수 있나요?			

ME MO

10장

장

외계인 돌연변이

10장

외계인 돌연변이

생각열기

여러분, 색판 뒤집기 게임을 아시나요?

이 게임의 방법은 다음과 같습니다.
   1. 인원의 수를 동일하게 2팀으로 나눕니다.
   2. 경기 시작 전에 색판을 절반씩 동일하게 펼쳐줍니다.
   3. 1분 동안 색판을 우리 편 색으로 바꿉니다.
   4. 경기 후 색판의 수를 가지고 승리 팀을 가립니다.

 색판 뒤집기 게임에서 색판은 하나지만, 앞면과 뒷면에 다른 색을 칠해 두기 때문에 게임 과정에서 색이 바뀔 수 있습니다. 컴퓨터에서도 프로그램이 실행되는 과정에서 입력된 값을 저장하거나, 그 값을 다른 값으로 변경하여 저장할 수 있는 공간이 있습니다. 이것을 변수라고 합니다.

 이번 챕터에서는 비버챌린지의 '외계인 돌연변이' 문제를 통해 변수의 개념을 이해하고 변수를 활용한 프로그램을 만들어 보겠습니다.

우리는 일상생활에서 다양한 자료를 기억하기 위해 여러 가지 방법을 사용하고 있습니다. 수업 시간에 배운 내용을 기억하기 위해 글이나 그림으로 정리하거나, 약속 시간을 기억하기 위해 숫자로 표시할 수 있지요. 이처럼 기억해야 하는 문자와 수를 어딘가에 적어두고, 내용을 수정해야 할 경우가 생기면 지우고 다시 작성하는 식으로 관리할 수 있습니다.

컴퓨터에서도 입력된 자료나 프로그램이 실행되는 과정에서 계산된 정보를 저장하기 위해서 변수를 사용할 수 있습니다. 또한 프로그램이 실행되는 과정에서 변수에 저장된 값을 변경할 수도 있습니다.

프로그램이 실행되는 과정에서 필요한 자료를 저장하려면 특정 기억 공간을 먼저 만들어야 하고(선언), 그 공간에 자료를 저장한 후 필요할 때마다 꺼내어 사용할 수 있습니다. 이때 자료가 기억되는 특정 기억 공간을 변수라고 합니다. 변수의 이름은 사용자가 규칙에 맞게 정할 수 있습니다.

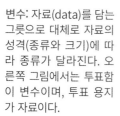

변수: 자료(data)를 담는 그릇으로 대체로 자료의 성격(종류와 크기)에 따라 종류가 달라진다. 오른쪽 그림에서는 투표함이 변수이며, 투표 용지가 자료이다.

자료

투표
용지

변수

투표함

즉, 변수는 프로그램이 실행되는 동안 문제 해결을 위해 처리할 자료나 처리된 정보 등을 저장하는 장소입니다.

도전! 비버챌린지

※ 비버챌린지의 '외계인 돌연변이(2018, 터키)' 문제를 해결해봅시다.

문제의 배경

어떤 외계인의 몸은 머리, 몸, 2개의 팔, 2개의 다리로 구성된다. 그 외계인은 다음과 같은 돌연변이 명령에 따라 모습이 변형된다. 몸의 각 부분은 2번 이상 돌연변이 될 수 있다.

돌연변이 명령

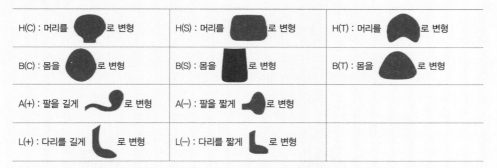

예를 들어, H(S), B(S), A(-), L(-) 명령을 순서대로 실행하면, 다음과 같이 변형된다. :

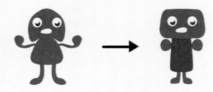

문제/도전

다음과 같은 돌연변이 명령을 순서대로 실행하면, 어떤 모습의 외계인이 될까?

H(T), L(+), B(T), A(+), H(C), A(−), B(C)

A) 　　B) 　　C) 　　D)

'외계인 돌연변이' 문제를 어떻게 해결할 수 있을까요?

이 문제의 현재 상태와 목표 상태를 분석해봅시다. 현재 상태는 돌연변이 명령을 순서대로 알고 최종 외계인의 모습은 모르는 상태이며, 목표 상태는 최종 외계인의 모습을 알고 있는 상태입니다.

이 문제를 해결하기 위해서는 돌연변이 명령의 순서와 결과를 이해해야 합니다. 외계인의 몸의 각 부분에 대한 변형은 이전에 어떤 모양이든지와 상관없이, 마지막에 실행된 명령대로 바뀌게 됨을 이해해야 합니다. 이것은 마치 변수 A에 어떤 데이터를 저장하고, 그 후 다른 데이터를 변수 A에 다시 저장하면, 마지막에 저장된 데이터만 변수 A에 남아 있게 되는 과정과 같다고 볼 수 있습니다. 주어진 명령에 따라 외계인의 모습을 변형하면 아래와 같이 변형됩니다.

> 정보의 구조화: 문제 해결에 필요한 핵심 요소를 파악하여, 표나 그림의 형태로 재표현하는 것을 말한다. 오른쪽 표가 그 예시이다.

주어진 명령	H(T)	L(+)	B(T)	A(+)	H(C)	A(−)	B(C)
머리	●				●		
몸			●				●
팔				●		●	
다리		●					

따라서 최종 외계인의 모습은 머리는 H(C) 몸은 B(C), 팔은 A(−), 다리는 L(+) 변형됩니다. 그러므로 B) ㅤㅤㅤ 가 정답이라고 할 수 있습니다.

H(T)는 H(C)에 의해 최종 모습에 영향을 미치지 못합니다. 또한 B(T)는 B(C)에 의해, A(+)는 A(−)에 의해 영향을 미치지 못합니다.

한 걸음 더!

명령에 따라 외계인의 모습이 바뀌는 프로그램을 만들어 볼까요?

먼저, '외계인 돌연변이' 문제를 바탕으로 다음의 규칙을 적용하여 프로그램의 알고리즘을 설계해봅시다.

규칙

외계인은 다음과 같은 규칙에 따라 모습이 변한다.

H(C) : 머리를 로 변형	H(S) : 머리를 로 변형	H(T) : 머리를 로 변형
B(C) : 몸을 로 변형	B(S) : 몸을 로 변형	B(T) : 몸을 로 변형
A(+) : 팔을 길게 로 변형	A(−) : 팔을 짧게 로 변형	
L(+) : 다리를 길게 로 변형	L(−) : 다리를 짧게 로 변형	

	알고리즘
단계 1	총 명령어의 수를 입력받는다.
단계 2	명령을 입력받는다.
단계 3	만약 입력받은 명령어가 'H(C)'이면 머리 모양을 으로 바꾼다.
단계 4	만약 입력받은 명령어가 'H(S)'이면 머리 모양을 으로 바꾼다.
단계 5	만약 입력받은 명령어가 'H(T)'이면 머리 모양을 으로 바꾼다.
단계 6	만약 입력받은 명령어가 'B(C)'이면 몸 모양을 으로 바꾼다.
단계 7	만약 입력받은 명령어가 'B(S)'이면 몸 모양을 으로 바꾼다.
단계 8	만약 입력받은 명령어가 'B(T)'이면 몸 모양을 으로 바꾼다.
단계 9	만약 입력받은 명령어가 'A(+)'이면 팔 모양을 으로 바꾼다.

단계 10	만약 입력받은 명령어가 'A(−)'이면 팔 모양을 으로 바꾼다.
단계 11	만약 입력받은 명령어가 'L(+)'이면 다리 모양을 으로 바꾼다.
단계 12	만약 입력받은 명령어가 'L(−)'이면 다리 모양을 으로 바꾼다.
단계 13	명령어 수만큼 단계 2부터 단계 12까지 반복한다.
단계 14	외계인의 최종 모습을 출력한다.

위의 알고리즘을 프로그래밍하기 위해 필요한 변수를 생각해봅시다.

변수 이름	저장할 내용
명령어 수	명령어의 수를 저장
명령	명령을 저장
머리의 모양	명령어에 따라 결정된 머리의 모양 저장
몸의 모양	명령어에 따라 결정된 몸의 모양 저장
팔의 모양	명령어에 따라 결정된 팔의 모양 저장
다리의 모양	명령어에 따라 결정된 다리의 모양 저장

다음은 '머리의 모양', '몸의 모양', '팔의 모양', '다리의 모양' 변수를 사용하여 작성한 '외계인 돌연변이' 프로그램의 코드 예시입니다. 자신이 만든 프로그램의 코드와 비교해보고, 수정 및 보완해 봅시다.

소스 코드
- 스크래치 : https://scra
  tch.mit.edu/projects/
  333131221/

- 엔트리 : http://bit.ly/
  2pbLsni

```
클릭했을 때
외계인의 최종 모습은 무엇일까요? 을(를) 4 초 동안 말하기
명령의 수를 입력하세요 라고 묻고 기다리기
명령 개수 ▼ 을(를) 대답 로 정하기
명령 개수 번 반복하기
  명령을 입력하세요 라고 묻고 기다리기
  명령 ▼ 을(를) 대답 로 정하기
  만약 명령 = H(C) (이)라면
    머리의 모양 ▼ 을(를) H(C) 로 정하기

  만약 명령 = H(S) (이)라면
    머리의 모양 ▼ 을(를) H(S) 로 정하기

  만약 명령 = H(T) (이)라면
    머리의 모양 ▼ 을(를) H(T) 로 정하기

  만약 명령 = B(C) (이)라면
    몸의 모양 ▼ 을(를) B(C) 로 정하기

  만약 명령 = B(S) (이)라면
    몸의 모양 ▼ 을(를) B(S) 로 정하기

  만약 명령 = B(T) (이)라면
    몸의 모양 ▼ 을(를) B(T) 로 정하기

  만약 명령 = A(+) (이)라면
    팔의 모양 ▼ 을(를) A(+) 로 정하기

  만약 명령 = A(-) (이)라면
    팔의 모양 ▼ 을(를) A(-) 로 정하기

  만약 명령 = L(+) (이)라면
    다리의 모양 ▼ 을(를) L(+) 로 정하기

  만약 명령 = L(-) (이)라면
    다리의 모양 ▼ 을(를) L(-) 로 정하기

머리의 모양은 와(과) 머리의 모양 결합하기 와(과) 입니다. 결합하기 을(를) 4 초 동안 말하기
몸의 모양은 와(과) 몸의 모양 결합하기 와(과) 입니다. 결합하기 을(를) 4 초 동안 말하기
팔의 모양은 와(과) 팔의 모양 결합하기 와(과) 입니다. 결합하기 을(를) 4 초 동안 말하기
다리의 모양은 와(과) 다리의 모양 결합하기 와(과) 입니다. 결합하기 을(를) 4 초 동안 말하기
```

스스로 평가하기

평가문항	매우 우수	우수	보통
변수의 개념을 설명할 수 있나요?			
비버챌린지 문제의 초기 상태와 목표 상태를 파악할 수 있나요?			
비버챌린지 문제 해결을 위해 핵심요소를 추출할 수 있나요?			
사용자에게 입력받은 내용을 처리하여 출력하는 프로그램을 만들 수 있나요?			

11장

클라라라는
꽃을 좋아해

학습내용 비교 연산, 논리 연산

학습목표 변수의 개념을 이해하고 변수와 연산자를 활용한 프로그램을 작성
한다.

11장

클라라라는 꽃을 좋아해

여러분은 놀이기구 타는 것을 좋아하시나요? 놀이기구를 타러 갔는데 나이나 키의 제한으로 타지 못하게 되어 실망해 본 경험이 있나요?

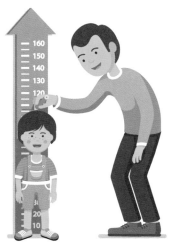

놀이기구를 안전하게 타기 위해 확인해야 할 조건은 여러 가지일 수 있습니다.

1. 키 110cm 이상만 탈 수 있다.
2. 나이 13세 이상만 탈 수 있다.
3. 키 130cm 미만은 보호자와 동행해야 탈 수 있다.
4. 탑승 가능 인원은 2명이다.

우리는 생활 속에서 이와 같은 다양한 조건을 처리해야 하는 상황들을 만나게 됩니다. 답을 찾기 위해 정확하게 주어진 상황을 이해하고 제시된 조건을 분석하여 문제를 해결하는 능력을 기를 수 있습니다.

이번 챕터에서는 비버챌린지의 '클라라는 꽃을 좋아해' 문제를 통해 비교 연산과 논리 연산의 개념을 이해하고 여러 가지 조건을 처리하는 프로그램을 만들어 보겠습니다.

연산은 정해진 일정한 규칙에 따라 계산을 하는 것입니다. 연산에는 산술 연산, 비교 연산, 논리 연산 등이 있으며, 연산의 방법을 기호로 표현한 것을 연산자라고 합니다.

산술 연산은 수를 이용한 연산으로 덧셈, 뺄셈, 곱셈, 나눗셈 등이 있으며 산술 연산자에는 +, −, ×, / 등이 있습니다. 비교 연산은 값의 크기들을 비교하여 참과 거짓을 판단하는 연산이며 비교 연산자에는 >, ≥, <, ≤, =, ≠ 등이 있습니다.

구분	엔트리의 비교연산 예시	스크래치의 비교연산 예시	결과
같다	5 = 3	5 = 3	거짓
크다	5 > 3	5 > 3	참
작다	5 < 3	5 < 3	거짓
크거나 같다	5 ≥ 3	5 > 3 또는 5 = 3	참
작거나 같다	5 ≤ 3	5 < 3 또는 5 = 3	거짓

≫ 비교 연산

• 특정한 숫자 범위를 표현할 때 논리 연산을 사용할 수 있다. 예를 들어, 6보다 크고 10보다 작은 숫자 범위를 표현할 때는 '6보다 크다'라는 조건과 '10보다 작다'라는 조건을 모두 만족해야 한다. 이때 '그리고' 연산을 사용하여 해당 범위를 구현할 수 있다.

논리 연산은 참과 거짓을 다루는 연산이며 논리 연산자로는 그리고(AND), 또는(OR), (이)가 아니다(NOT, 부정) 등이 있습니다.

구분	엔트리의 비교연산 예시	스크래치의 비교연산 예시	결과
그리고 (AND)	참 그리고 ▾ 참	그리고	둘 다 참이면 결괏값은 참이 되고, 둘 중 하나라도 거짓이면 결괏값은 거짓이 된다.
또는 (OR)	참 또는 ▾ 거짓	또는	둘 중 하나 이상이 참이면 결괏값은 참이 되고, 둘 다 거짓이면 결괏값은 거짓이 된다.
부정 (NOT)	참 (이)가 아니다	이(가) 아니다	참이면 결괏값은 거짓이 되고, 거짓이면 결괏값은 참이 된다.

≫ 논리 연산

우리는 일상생활에서 여러 가지 결정을 해야 하는 상황을 자주 만납니다. 또한 결정할 때 지켜야 할 조건들이 여러 가지가 있다면 그 조건들을 모두 만족하기 위해 조건들을 잘 조합해야 문제의 올바른 답을 찾을 수 있습니다.

다양한 조건들을 처리할 때 대소 관계를 비교하여 참과 거짓을 결정하거나, 두 개 이상의 조건이 참이어야 하는지 혹은 둘 중 하나의 조건만 참이어도 되는지 등을 잘 판단하여 정확하게 문제해결을 하는 능력을 향상해 보세요.

도전! 비버챌린지

※ 비버챌린지의 '클라라는 꽃을 좋아해(2018, 스위스)' 문제를 해결해봅시다.

문제의 배경

여러 가지 색의 꽃으로 만들어진 꽃다발을 좋아하는 클라라(Clara)는 꽃가게에 들렀다. 꽃가게에는 다음과 같은 꽃들이 있었다.

| 글라디올러스 | 백합 | 튤립 | 장미 |

모든 꽃들은 다음 3가지 색 중 한 가지이다.

| 흰색 | 파랑색 | 노랑색 |

클라라는 6개의 꽃으로 다음과 같은 조건들을 모두 만족하는 꽃다발을 만들고 싶어 한다.

1) 흰색, 파랑색, 노랑색 꽃은 정확히 2개씩이어야 한다.

2) 같은 종류의 꽃은 서로 다른 색이어야 한다.

3) 모든 꽃들은 최대 2개까지만 사용해야 한다.

문제/도전

다음 중 모든 조건을 만족시킬 수 있도록 만들어진 꽃다발은?

A)

B)

C)

D)

'클라라는 꽃을 좋아해' 문제를 어떻게 해결할 수 있을까요?

이 문제의 현재 상태와 목표 상태를 분석해봅시다. 현재 상태는 주어진 조건을 만족하도록 만들어진 꽃다발이 무엇인지 모르는 상태이며, 목표 상태는 그것을 알아낸 상태입니다.

즉, 이 문제는 여러 가지 주어진 상황 속에서 제시된 조건을 모두 만족하는 정확한 결과를 도출해 내는 문제입니다. 이 문제를 해결하기 위해서는 비교 연산과 논술 연산에 대해 이해해야 합니다.

현재 상태	1) 꽃들은 글라디올러스, 백합, 튤립, 장미 4가지 종류가 있다. 2) 꽃들의 색은 흰색, 파랑색, 노랑색 중의 하나이다.
제약조건	1) 흰색, 파랑색, 노랑색 꽃은 정확히 2개씩이어야 한다. 2) 같은 종류의 꽃은 서로 다른 색이어야 한다. 3) 모든 꽃은 최대 2개까지만 사용해야 한다.
목표 상태	주어진 제약조건을 모두 만족하는 꽃다발을 만든다.

• 글라디올러스는 아프리카, 지중해 연안에서 많이 발견되며, 주로 8~10월에 피는 꽃입니다.

조건1 흰색, 파랑색, 노랑색 꽃은 정확히 2개씩이어야 한다.

꽃 종류	흰색	파랑색	노랑색	합계
글라디올러스 ──(OR)── 백합 ──(OR)── 튤립 ──(OR)── 장미	2개 (AND)	2개 (AND)	2개	6개

▶ **조건 1이 참이 되는 경우:** 글라디올러스 또는(OR) 백합 또는(OR) 튤립 또는(OR) 장미 중에 흰색 꽃이 2개이고(AND), 파랑색 꽃이 2개이고(AND), 노랑색 꽃이 2개이어야 합니다.

▶ **조건 1이 거짓이 되는 경우:** 글라디올러스 또는(OR) 백합 또는(OR) 튤립 또는(OR) 장미 중에 흰색 꽃이 2개 이상이거나(OR) 파랑색 꽃이 2개 이상이거나(OR) 노랑색 꽃이 2개 이상이면 거짓이 됩니다.

조건 2	같은 종류의 꽃은 서로 다른 색이어야 한다.
조건 3	모든 꽃은 최대 2개까지만 사용해야 한다.

꽃 종류(OR)	흰색	파랑색	노랑색	합계
글라디올러스	<= 1	<= 1	<= 1	<= 2
백합	<= 1	<= 1	<= 1	<= 2
튤립	<= 1	<= 1	<= 1	<= 2
장미	<= 1	<= 1	<= 1	<= 2
합계	OR	OR		6개

▶ **조건 2가 참이 되는 경우:** 모든 꽃은 같은 색일 경우, 각각 다른 종류의 꽃이어야 합니다.

▶ **조건 3이 참이 되는 경우:** 글라디올러스 또는(OR) 백합 또는(OR) 튤립 또는(OR) 장미 중 꽃 종류별로 2개까지만 선택 가능합니다.

모든 조건을 만족시킬 수 있도록 만들어진 꽃다발을 찾기 위해서는 꽃다발마다 조건 1, 2, 3을 만족하는지 분석하여 보면 됩니다.

	꽃다발	조건에 대한 분석					결과
A)			흰색	파랑색	노랑색	개수	거짓
		글라디올러스		1		1개(참)	
		백합	1		1	2개(참)	
		튤립	1	1		2개(참)	
		장미	1			1개(참)	
		합계	3개(거짓)	2개(참)	1개(참)	6개	

→ 오류 상황: 흰색 꽃이 3개이다.
→ 조건1 오류: 흰색, 파랑색, 노랑색 꽃은 2개씩이어야 한다.

	꽃다발	조건에 대한 분석					결과
B)			흰색	파랑색	노랑색	개수	거짓
		글라디올러스			1	1개(참)	
		백합				0개(참)	
		튤립	1	1		2개(참)	
		장미	1	1	1	3개(거짓)	
		합계	2개(거짓)	2개(참)	2개(참)	6개	

→ 오류 상황: 장미꽃이 3개이다.
→ 조건3 오류: 모든 꽃은 최대 2개까지만 사용해야 한다.

C)		흰색	파랑색	노랑색	개수
	글라디올러스			2	2개(거짓)
	백합		1		1개(참)
	튤립	1	1		2개(참)
	장미	1			1개(참)
	합계	2개(참)	2개(참)	2개(참)	6개

→ 오류 상황 : 노랑색 글라디올러스 꽃이 2개 선택되었다.
→ 조건2 오류 : 같은 종류의 꽃은 서로 다른 색이어야 한다.

거짓

D)		흰색	파랑색	노랑색	개수
	글라디올러스		1	1	2개(참)
	백합			1	1개(참)
	튤립	1	1		2개(참)
	장미	1			1개(참)
	합계	2개(참)	2개(참)	2개(참)	6개

참

따라서 조건 1, 2, 3을 모두 만족하는 꽃다발은 D임을 알 수 있습니다.

한 걸음 더!

제약조건에 맞게 문제를 해결할 수 있는 프로그램을 만들어 볼까요?

지금까지의 학습 경험을 바탕으로 '클라라는 꽃을 좋아해' 문제를 주어진 조건에 따라 알고리즘을 설계하여 보고 프로그래밍하여 봅시다.

소스 코드
• 스크래치: https://scratch.mit.edu/projects/333131671/

• 엔트리: http://bit.ly/2oktPkQ

현재 상태(예시)	조건 1 오류 상태(예시)
글라디올러스 0 흰색 0 백합 0 파란색 0 튤립 0 노란색 0 장미 0 선택한 꽃의 개수 0 글라디올러스 백합 튤립 장미	글라디올러스 1 흰색 3 백합 1 파란색 0 튤립 1 노란색 0 장미 0 선택한 꽃의 개수 3 조건 1 오류 Try Again! 글라디올러스 백합 튤립 장미 **A) 흰색 꽃이 3개 선택**
글라디올러스 2 흰색 2 백합 1 파란색 2 튤립 1 노란색 2 장미 1 선택한 꽃의 개수 5 조건 2 오류 Try Again! 글라디올러스 백합 튤립 장미 **C) 노랑색 글라디올러스 꽃이 2개 선택**	글라디올러스 0 흰색 1 백합 0 파란색 0 튤립 0 노란색 1 장미 3 선택한 꽃의 개수 3 조건 3 오류 Try Again! 글라디올러스 백합 튤립 장미 **B) 장미꽃이 3개 선택**

A) 조건 1(흰색, 파랑색, 노랑색 꽃은 정확히 2개씩이어야 한다) 오류 처리 블록

▶ 글라디올러스 또는(OR) 백합 또는(OR) 튤립 또는(OR) 장미 중에 흰색 꽃이 2개 이
상이거나(OR) 파랑색 꽃이 2개 이상이거나(OR) 노랑색 꽃이 2개 이상이면 조건1 오
류 상황을 처리합니다.

B) 조건 2(같은 종류의 꽃은 서로 다른 색이어야 한다) 오류 처리 블록

▶ 글라디올러스 또는(OR) 백합 또는(OR) 튤립 또는(OR) 장미꽃이 같은 색으로 2개
이상 선택되면 조건2 오류 상황을 처리합니다.

※ 꽃별로 조건 2에 해당하는 블록을 모두 작성하여 연결

C) 조건 3(모든 꽃은 최대 2개까지만 사용해야 한다) 오류 처리 블록

▶ 글라디올러스 또는(OR) 백합 또는(OR) 튤립 또는(OR) 장미꽃이 2개 이상 선택되면
조건3 오류 상황을 처리합니다.

스스로 평가하기

평가문항	매우 우수	우수	보통
연산자의 기능과 특징을 설명할 수 있나요?			
비버챌린지 문제의 초기 상태와 목표 상태를 파악할 수 있나요?			
비교 연산과 논리 연산을 처리하여 문제를 해결하는 프로그램을 만들 수 있나요?			

12장

비버의 이름은?

학습내용   입력과 출력

학습목표   다양한 형태의 자료를 입력받아 처리하고 출력하기 위한 프로그램
을 작성한다.

12장

비버의 이름은?

생각열기

다음의 문장은 무엇을 의미할까요?

dkssud! dnfl 8tldp aksskwk.

암호처럼 보이는 이 문장의 의미를 파악하기 위해서는 한글-영어 변환키가 필요합니다. 컴퓨터에서 한영 키를 사용하여 위의 영어 문장을 한글 입력 모드에서 입력해본다면 다음과 같은 문장을 모니터로 확인할 수 있습니다.

안녕! 우리 8시에 만나자.

각 영문자에 해당하는 한글 문자를 확인하는 과정은 일정한 규칙에 따라 만들어진 암호를 해독하는 과정과 매우 비슷합니다. 컴퓨터를 사용하여 암호 해독 프로그램을 만든다면 입력된 문자에 따라 대응하는 문자를 출력하는 알고리즘을 설계할 수 있을 것입니다.

컴퓨터로 처리할 수 있는 정보는 문자, 숫자, 소리, 이미지 등 다양합니다. 우리 주변에서 다양한 형태의 자료를 외부로부터 입력받아 처리한 후 출력하는 프로그램은 무엇이 있을까요?

이번 챕터에서는 비버 챌린지의 '비버의 이름은' 문제를 통해 문자를 입력받아 처리한 후 출력하는 프로그램을 만들어 보겠습니다.

학습내용 이해하기

우리는 일상생활에서 다양한 형태의 자료를 만날 수 있습니다. 문자로 표현된 글, 숫자로 나타난 물건의 가격, 수업이 시작되고 끝났음을 알리는 종소리, 재미있는 내용이 담긴 웹툰 등 전달하고자 하는 정보의 특성에 따라 각기 다른 형태로 표현된 것을 발견할 수 있습니다.

우리 주변에서 다양한 형태의 자료를 외부로부터 입력받아 처리한 후 출력하는 프로그램은 무엇이 있을까요? 먼저, 여러 물건을 살 때 총 가격을 계산하기 위해 계산기 프로그램을 사용하는 상황을 떠올려봅시다. 물건의 가격에 해당하는 숫자를 입력하면, 각 숫자를 더하여 계산이 완료된 값을 화면에 출력합니다. 숫자 키로 값을 입력받고, 모니터로 출력된 결과를 확인할 수 있습니다.

또한, 스마트폰으로 친구들과 함께 생일을 축하하는 장면을 남기기 위해서 동영상 촬영 프로그램을 사용하는 상황을 떠올려볼까요? 카메라로 입력받은 친구들의 모습과 마이크로 입력받은 목소리를 합친 동영상을 스크린으로 확인할 수 있습니다.

입력		출력
	처리	

이와 같이 컴퓨터 프로그램을 이용한 문제 해결 과정은 입력, 처리, 출력의 단계를 거쳐 이루어집니다.

도전! 비버챌린지

※ 비버챌린지의 '비버의 이름은(2017, 크로아티아)' 문제를 해결해봅시다.

문제의 배경

A - 카	J - 주	S - 아리
B - 피	K - 메	T - 치
C - 미	L - 타	U - 도
D - 테	M - 린	V - 루
E - 쿠	N - 토	W - 메이
F - 루	O - 모	X - 나
G - 지	P - 모르	Y - 후
H - 리	Q - 케	Z - 지
I - 키	R - 시	

예쁜 별명을 짓고 싶어 하던 어떤 비버가 자신의 이름으로 별명을 만들었다.

문제/도전

만들어낸 별명이 "주카메 모루"라고 할 때, 그 비버의 진짜 이름은?

A) JOSIP   B) JANI   C) JAKOV   D) JURICA

'비버의 이름은' 문제를 어떻게 해결할 수 있을까요?

이 문제의 현재 상태와 목표 상태를 분석해봅시다. 현재 상태는 비버의 별명을 알고 진짜 이름을 모르는 상태이며, 목표 상태는 비버의 별명을 바탕으로 진짜 이름을 알고 있는 상태입니다.

이 문제를 해결하기 위해서는 영문자와 한글 사이의 관계를 이해해야 합니다. 별명이 '주카메 모루'인 것으로 보아 한글은 별명을 의미한다는 것을 알 수 있습니다. 그리고 한글과 줄(-)로 연결된 영문자는 진짜 이름을 의미한다는 것을 이해해야 합니다.

영문자 한 개에 대응되는 한글은 한 개입니다. 즉, 진짜 이름이 세 글자라면 별명도 세 글자라는 의미입니다. 별명이 '주카메 모루'이므로 보기 중 영문자가 5개가 아닌 이름은 답이 아님을 알 수 있습니다. JANI(보기 B)와 JURICA(보기 D)는 글자 수가 각각 4개, 6개이므로 답이 될 수 없습니다.

이번에는 별명에 해당하는 영문자가 무엇인지 확인해봅시다. '주'와 연결된 영문자는 'J'입니다. '카'와 연결된 영문자는 'A'입니다. 같은 방법으로 '메', '모'는 각각 'K', 'O'와 연결되는 것을 알 수 있습니다. 한편 '루'는 'F'와 'V' 두 개의 영문자와 연결되는 것을 알 수 있습니다.

• 오른쪽 표를 보면 'V'와 'F'가 모두 '루'와 연결되고 있다. 이렇게 되면 '주카메 모루'의 진짜 이름이 2가지가 될 수 있다.

A - 카	J - 주	S - 아리
B - 피	**K - 메**	T - 치
C - 미	L - 타	U - 도
D - 테	M - 린	**V - 루**
E - 쿠	N - 토	W - 메이
F - 루	**O - 모**	X - 나
G - 지	P - 모르	Y - 후
H - 리	Q - 케	Z - 지
I - 키	R - 시	

따라서 '주카메 모루'라는 별명을 가진 비버의 진짜 이름은 'JAKOV' 또는 'JAKOF'임을 확인할 수 있으며, 이 중 답안 C)에 'JAKOV'가 제시되어 있으므로 정답임을 알 수 있습니다.

한 걸음 더!

비버의 별명을 입력하면 진짜 이름을 출력하는 프로그램을 만들어 볼까요?

먼저, '비버의 이름은?' 문제를 바탕으로 다음의 규칙을 적용하여 프로그램의 알고리즘을 설계해봅시다.

규칙					
별명	카	피	미	태	쿠
진짜 이름	A	B	C	D	E

알고리즘

단계 1) 별명의 글자 수를 입력받는다.

단계 2) 별명을 한 글자 입력받는다.

단계 3) 만약 입력받은 글자가 '카'이면 진짜 이름 변수에 'A'를 더한다.

단계 4) 만약 입력받은 글자가 ' 피 '이면 진짜 이름 변수에 'B'를 더한다.

단계 5) 만약 입력받은 글자가 '미'이면 진짜 이름 변수에 ' C '를 더한다.

단계 6) 만약 입력받은 글자가 '태'이면 진짜 이름 변수에 ' D '를 더한다.

단계 7) 만약 입력받은 글자가 ' 쿠 '이면 진짜 이름 변수에 'E'를 더한다.

단계 8) 별명의 글자 수만큼 단계 2부터 단계 7까지 반복한다.

단계 9) 진짜 이름 변숫값을 출력한다.

위의 알고리즘을 프로그래밍하는 데 필요한 변수를 생각해봅시다.

변수 이름	저장할 내용
글자 수	사용자에게 입력받은 별명의 글자 수
별명	사용자에게 입력받은 별명
진짜 이름	별명에 해당하는 진짜 이름

스크래치를 사용하여 위에서 작성한 알고리즘을 프로그래밍해 봅시다. 사용자로부터 문자를 입력받고 출력하기 위해서는 다음의 블록 명령어를 사용할 수 있습니다.

입력	출력

다음은 '글자 수', '별명', '진짜 이름' 변수를 사용하여 작성한 '비버의 이름은?' 프로그램의 코드 예시입니다. 자신이 만든 프로그램의 코드와 비교해보고, 수정 및 보완해 봅시다.

소스 코드
- 스크래치: https://scratch.mit.edu/projects/333132002/

- 엔트리: http://bit.ly/2op33I8

스스로 평가하기

평가문항	매우 우수	우수	보통
입력, 출력의 개념을 설명할 수 있나요?			
비버챌린지 문제의 초기 상태와 목표 상태를 파악할 수 있나요?			
비버챌린지 문제 해결을 위해 핵심요소를 추출할 수 있나요?			
사용자에게 입력받은 내용을 처리하여 출력하는 프로그램을 만들 수 있나요?			

ME
MO

13장

고층빌딩 아트

학습내용	센서 기반 프로그램 구현
학습목표	센서를 이용한 자료 처리 및 동작 제어 프로그램을 구현한다.

13장

고층빌딩 아트

생각열기

아래 사진¹⁾은 어떤 장면을 찍은 것일까요?

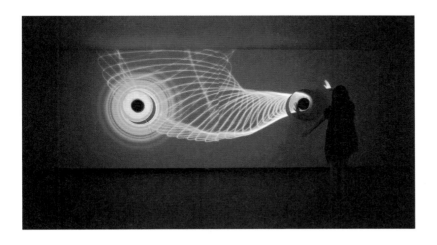

스피커 형태의 두 개의 원에서 동심원들이 확장되는 스크린 앞에 사람이 서 있습니다. 동심원이 확장될 때마다 은은한 종소리도 함께 나지요. 스크린 앞에 선 사람이 동작을 만들면 움직임에 따라 영상 속 동심원의 모습이 바뀝니다. 이렇게 사람의 움직임을 감지하여 미디어로 표현하는 예술 작품을 인터렉티브 아트(interactive art)라고 합니다. 위 작품에서는 적외선 카메라 센서를 사용하여 사람의 움직임을 감지한 후, 처리하여 스크린으로 결과를 출력한 것입니다.

이번 챕터에서는 비버챌린지의 '고층빌딩 아트' 문제를 통해 센서를 사용하여 자료를 처리하고 동작을 제어하는 프로그램을 만드는 과정을 학습해 보겠습니다.

---

1 **사진 출처:** 양민하 作, Meditation 1008~, 인터렉티브 아트뮤지엄(https://youtu.be/mUaoTR228JQ)

센서: 자연에 존재하는 빛, 소리, 온도, 습도, 압력 등을 전기신호로 변환하는 전자부품을 의미한다. 이렇게 변환된 전기신호를 분석하면 특정 상황에서 자동으로 기능을 실행시킬 수 있다. 우리 주변에서 흔히 사용되는 센서에는 빛의 양을 감지하는 빛 센서, 소리를 감지하는 소리 센서, 온도 습도를 감지하는 온습도 센서, 물체와의 거리를 감지하는 초음파 센서 등이 있다.

여러분, 가까이 다가가면 자동으로 열리는 문을 본 적 있으신가요? 사람의 움직임을 감지하는 센서로 외부 상황을 인식하여 문이 열리는 것이지요. 또, 스마트 폰을 사용할 때 주변의 밝기에 따라 화면이 적절한 밝기로 바뀌는 것 역시 센서가 사용된 것입니다.

이처럼 우리의 일상생활 속에는 다양한 센서가 사용되고 있습니다. 지하 주차장의 예를 통해 컴퓨터가 센서값을 인식하고 처리하여 출력하는 과정을 자세히 살펴봅시다.

주차장에는 주차 공간을 흰색 선으로 표시하고 있습니다. 주차 공간에 이미 차가 있다면 주차할 수 없습니다. 하지만 멀리서 보기에는 어느 구역에 차가 있고, 없는지 보기 어렵죠. 주차가 가능한 공간인지 아닌지 멀리서도 쉽게 알아보는 방법의 하나로 '주차 표시등'이 있습니다.

주차 공간에 센서가 부착되어 있어 자동차가 있으면 빨간색으로 불빛을 내고, 자동차가 없으면 초록색으로 불빛을 냅니다. 그뿐만 아니라 전체 주차 공간 수에서 빨간색으로 바뀐 표시등의 수를 빼면 주차 가능한 공간의 수를 구할 수 있습니다.

이렇게 센서를 사용하여 외부 상황을 인식하고, 처리하여 주차 표시등으로 표현함으로써 주차를 보다 편리하게 할 수 있습니다.

※ 비버챌린지의 '고층빌딩 아트(2017, 이탈리아)' 문제를 해결해봅시다.

문제의 배경

마을에 새로운 고층빌딩이 세워졌다. 그 건물에는 노랑(▢) 또는 파랑(■)으로 조명이 켜지고 꺼지는 26개의 창문이 있다. 이 빌딩은 7층(0~6)으로 각 층은 4개(A~D)의 구역으로 나뉜다.

빌딩을 설계하고 만든 건축가는, 빌딩 창문들의 조명을 조절할 수 있는 몇 개의 스위치들을 지하층에 설치해서 그림과 같은 모양을 만들 수 있도록 해 두었다.

그 스위치들은 다음과 같은 방법으로 작동된다. SE는 켜져 있는 모든 창문의 조명을 끄고, 꺼져있는 모든 창문의 조명을 켠다. 어떤 층수나 구역문자의 왼쪽에 붙어있는, +는 그 층이나 구역의 조명을 켜고, -는 그 층이나 구역의 조명을 꺼야 한다는 것을 나타낸다. 예를 들어, +A는 A구역의 조명을 켜고, -2는 2층의 조명을 끈다는 것을 나타내는 것이다.

문제/도전

빌딩의 현재 조명 상태를 알지 못하는 상태에서, 다음과 같은 조명 상태를 만들어내기 위한 스위치 동작들을 작성해보자.

컴퓨팅 사고력 키우기

'고층빌딩 아트' 문제를 어떻게 해결할 수 있을까요?

이 문제의 현재 상태와 목표 상태를 분석해봅시다. 현재 상태는 빌딩의 현재 조명 상태를 모르는 상태이며, 목표 상태는 다음 그림과 같은 조명 상태를 만들어내기 위한 스위치 동작을 알고 있는 상태입니다.

이 문제를 해결할 방법은 무수히 많습니다. 왜냐하면 조명의 전원을 제어하는 횟수에 제한이 없기 때문입니다. 먼저, 이 문제를 풀기 위해 빌딩의 현재 조명 상태를 모르는 상황이라는 것을 기억해야 합니다. 어느 조명이 켜져 있고, 꺼져 있는 상태인지 알지 못하기 때문에 모든 전등을 적어도 1번 이상 조작되어야 이전 상태를 알 수 있기 때문입니다.

SE는 켜져 있는 모든 창문의 조명을 끄고, 꺼져 있는 모든 창문의 조명을 켭니다. SE는 이전 상태에 따라서 유용하게 사용될 수 있지만, 빌딩의 현재 조명 상태를 모르기 때문에 사용하기 어렵습니다. 만약 연속해서 2번 사용한다면 처음 상태로 돌아오는 것이 되기 때문에 사용하지 않은 것과 같습니다.

그렇다면 +와 −를 적절히 사용하여 위 그림과 같은 조명 상태를 만들려면 어떻게 해야 할까요? 먼저 그림의 상태를 문장으로 표현하면 다음과 같습니다.

- 3번 층과 5번 층의 불은 모두 켜져 있어야 합니다.
- 0번 층, 1번 층, 6번 층의 불은 모두 꺼져 있어야 합니다.
- 2번 층, 4번 층의 A, D의 불은 켜져 있고, C, D의 불은 꺼져 있어야 합니다.

위 조건을 모두 만족하는 방법이라면 모두 답이 될 수 있습니다. 이때, 불을 켜고 끄는 순서에 주의하여야 합니다. 위와 같은 그림을 만들 수 있는 예는 다음과 같습니다.

- 첫 번째 방법: SE, SE, −6, +5, +3, −1, −0, −C, +D, +A, −B
- 두 번째 방법: +A, −B, −C, +D, −6, +5, +3, −1, −0

한 걸음 더!

　지금까지의 학습 경험을 바탕으로 마이크로비트를 사용하여 버튼으로 켜고 끄는 별 프로그램을 만들어 봅시다.

　'고층빌딩 아트' 문항을 바탕으로 우리가 만들 프로그램의 핵심 요소를 생각해봅시다.

구분	고층빌딩 아트	우리가 만들 프로그램
건물	0~6층, A~D 구역으로 나뉨	0~3층, A~B 구역으로 나뉨
모양	사각형	별
상태	켜짐, 꺼짐	파랑색 별 모양, 노랑색 별 모양
동작	+와 –로 해당 구역의 전등을 모두 켜거나 끌 수 있음 단, SE는 켜져 있는 전등은 끄고, 꺼져 있는 전등은 켤 수 있음	숫자 키 0~3을 눌러 가로줄의 전등을 켜거나 끌 수 있음 A, B버튼을 눌러 세로줄의 전등을 켜거나 끌 수 있음

　우리가 만들 프로그램의 장면을 구성해볼까요? 밤하늘에 떠 있는 별을 주제로 해 보겠습니다. 여러분이 원하는 주제로 스프라이트를 바꾸어주어도 좋습니다.

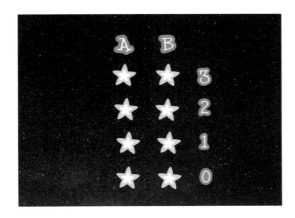

　이때, 별 하나의 위치는 가로줄 하나와 세로줄 하나의 조합으로 결정됩니다. 가로줄은 숫자 키로, 세로줄은 마이크로비트의 버튼으로 제어하도록 만들어 봅시다.

먼저 마이크로비트의 A 버튼을 누르면 세로줄 A에 있는 스프라이트의 모양이 노랑색으로 바뀌도록 만들어 봅시다.

한 번 더 버튼 A를 눌렀을 때 노랑색으로 바뀐 별 스프라이트를 다시 파랑색으로 바꾸려면 어떻게 해야 할까요? 똑같은 버튼 A를 누르는데, 파랑색 모양일 땐 노랑색으로, 노랑색 모양일 땐 파랑색으로 바뀌게 만들어야 합니다.

이때, 별 스프라이트의 모양 정보를 기억해두면 편리합니다. 변수를 만들어 별 오브젝트가 파랑색일 때는 0, 노랑색일 때는 1이라고 저장해두는 것입니다.

현재 별 색깔이	파랑색인 경우	노랑색으로	바꾼다.
변숫값이	0인 경우	1로	저장한다.
현재 별 색깔이	노랑색인 경우	파랑색으로	바꾼다.
변숫값이	1인 경우	0으로	저장한다.

이를 저장하기 위해 스프라이트별로 변수가 필요합니다. 예를 들어, 0번 가로줄의 A 구역에 해당하는 별 스프라이트의 모양 정보를 저장하기 위한 변수의 이름을 'A0'라고 만들 수 있습니다. 다른 스프라이트도 마찬가지로 방법으로 프로그래밍할 수 있습니다.

소스 코드
• 스크래치: https://
scratch.mit.edu/
projects/333132608/

• 엔트리: http://bit.
ly/2pdANbT

≪ 가로줄 0, 세로줄 A의
별 스프라이트

그러나 이렇게 프로그래밍하여 실행할 경우, 문제가 생깁니다. 우리는 버튼을 한 번만 눌렀는데 별 오브젝트의 모양은 여러 번 바뀌는 것입니다. 왜 이런 문제가 생기는 걸까요?

버튼은 '누름 상태'와 '누르지 않음 상태'로 구분됩니다. 우리가 버튼을 누르는 시간 동안 계속해서 '누름 상태'가 되고, 빨간 버튼을 눌렀는지 계속 반복하여 확인하므로 여러 번 변숫값이 바뀌게 되는 것이지요.

우리가 버튼을 누르는 시간이 아닌 횟수에 따라 변숫값이 바뀌게 하는 방법은 무엇일까요? 다음의 블록 명령어를 살펴봅시다.

[제어] 팔레트의 [~까지 기다리기] 블록과 [연산] 팔레트의 [~(이)가 아니다] 블록, [micro:bit] 팔레트의 ['A'버튼이 눌러졌는가?] 블록을 연결하였습니다. 위의 블록 명령어는 A 버튼을 누르지 않을 때까지 기다려야 함을 의미합니다. 즉, A 버튼을 누르지 않을 때까지 다음 명령어의 실행을 멈추고 기다리는 것입니다. 이 블록을 맨 마지막에 추가로 연결하여 버튼이 한 번 눌릴 때마다 별 모양이 바뀌도록 만들 수 있습니다.

이번에는 버튼을 사용하여 가로줄의 스프라이트 모양을 바꾸어 봅시다. 마이크로비트의 버튼과 달리 키보드의 숫자 키는 '0을 눌렀을 때'와 같은 블록 명령어가 없습니다. 따라서 같은 역할을 하도록 블록 명령어를 연결해주어야 합니다. 조건문과 반복문을 사용하여 다음과 같이 코드를 작성할 수 있습니다.

왼쪽 이미지와 같이 코드를 작성하여 실행할 경우, 한 가지 문제가 발생합니다. 스크래치 프로그래밍 환경에서는 스프라이트나 변수의 값에 변화가 생겼을 경우, 정지 버튼을 눌러 프로그램을 멈추고 다시 시작하더라도 이전의 변화가 그대로 유지됩니다.

초록 깃발을 클릭할 때마다 파랑색 별 모양이 나타나고,
각 변숫값을 0으로 초기화시켜주기 위해서는 해당하는 코드를 작성해야 합니다.
각 스프라이트에 초록 깃발을 클릭했을 때 명령어가 있으므로 모양과 변숫값을 초기화하는 코드를 다음과 같이 추가할 수 있습니다.

앞과 같이 작성한 코드를 실행하면 키보드의 숫자 키 0을 눌렀을 때, 변숫값에 따라 스프라이트의 모양을 바꾸고, 변숫값을 바꿉니다. 그리고 숫자 키 0을 누르지 않을 때까지 다음 명령어의 실행을 기다립니다. 즉, 숫자 키 0을 눌렀는지 확인하지 않고 기다립니다. 숫자 키 0에서 손을 뗀 다음에야 숫자 키 0을 눌렀는지 확인하는 것을 반복합니다.

다음은 가로줄 1, 세로줄 B의 별 오브젝트의 코드 예시입니다. 자신이 만든 프로그램의 코드와 비교해보고, 수정 및 보완해 봅시다.

스스로 평가하기

평가문항	매우 우수	우수	보통
센서를 사용한 프로그램의 동작 과정을 설명할 수 있나요?			
문제의 초기 상태와 목표 상태를 파악할 수 있나요?			
마이크로비트를 사용하여 자료를 처리하고 동작을 제어하는 프로그램을 만들 수 있나요?			

MEMO

부록

[한 걸음 더!] 해설

부록

[한 걸음 더!] 해설

예를 들어 다음과 같이 제시할 수 있습니다.

< 내가 만든 비브라그램 그림 >

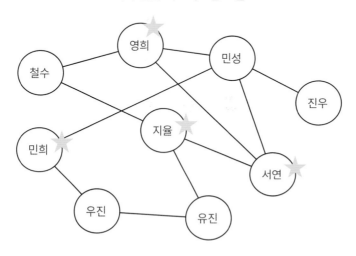

< 내가 만든 비브라그램의 규칙 >

1. 연결선은 음악 동아리 학생들의 친구 관계를 나타낸다.

2. 애국가를 모두(4절까지) 부를 수 있으면 동그라미 기호 옆에 별표가 그려진다.

3. 월요일에 비브라그램 그림이 그려지며, 화요일부터 날마다 애국가를 모두 부르지 못하는 학생들은 각자 자기 친구들 가운데 절반 이상이 그 전날까지 애국가를 모두 부를 수 있다면, 이 학생도 부를 수 있게 된다.

1) 문제에 주어진 보드판 위의 말의 개수와 위치를 바꿔서 제시하여 봅시다.

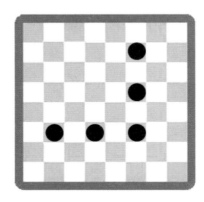

≪ 보드 게임판

**2) 위 보드판에 제시된 말들을 문제에 제시된 조건에 따라 다양한 형태(2가지 이상)
의 다이어그램으로 표현하여 봅시다.**

23페이지의 문제에 제시된 조건에 따라 위와 같이 보드판 위에 제시된 말들은 아
래와 같이 표현될 수 있습니다.

<참고> 21페이지의 문제에 제시된 조건
- 보드 게임판 위에 있는 말들을 원으로 그린다.
- 어떤 말이 다른 말과 같은 가로줄이나 세로줄 방향으로 함께 놓여있으면, 두
   말 사이에 선을 그려 넣는다(그 외의 경우는 선을 그려 넣지 않는다).

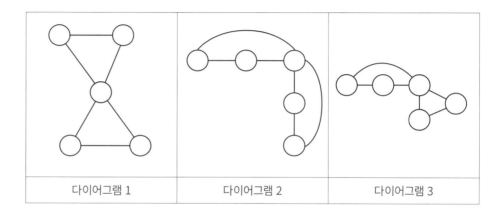

| 다이어그램 1 | 다이어그램 2 | 다이어그램 3 |

정답

설명

우측 하단의 루시아를 시작으로 위쪽과 좌측에 배치 가능한 그림들을 배치하면서 빈칸을 채워나갈 수 있다.

문제 속의 정보과학

이 문제는 실제로 매우 복잡한 퍼즐이라고 할 수 있다. 각 비버의 그림을 배치할 수 있는 가능한 모든 경우들(문제에서의 조건을 만족시키지 못하는 경우들까지 포함해서)을 고려해 보려고 몇 개의 어떤 그림들로 시작하면 매우 많은 시간이 걸린다. 6개의 퍼즐 조각에 1개의 조각을 더 추가하면, 7개의 빈자리에 그림 조각들을 배치할 수 있는 경우의 수가 6배만큼 더 많아진다. 예를 들어 n개의 카드가 있다면, 가능한 모든 경우의 수는 (n-1)! 만큼 된다. 따라서 이 문제의 경우에는 모든 가능한(하지만 대부분은 문제에서 주어진 조건을 만족시키지 못하는) 방법의 수가 720가지나 된다.

하지만, 논리적으로 생각해 보면 가능하지 않은 경우들을 가지치기(잘라내기)해서, 탐색 공간을 매우 많이 줄일 수 있다. 예를 들어, 막대기를 아래쪽으로 들고 있는 비버들 그림 조각은 위쪽 줄에 배치해야 하고, 루시아 위에 배치할 수 있는 비버 그림은 딱 1가지뿐이다.

모든 가능한 경우를 모두 확인해 보는 전체 탐색 방법은 백트래킹(backtracking)이라는 방법으로 수행할 수 있다. 백트래킹으로 모든 가능한 경우를 확인할 때, 탐색 공간의 크기는 매우 커진다. 따라서 모든 가능한 경우 중에서 답이 될 수 없는 경우들에 대해서 제외하는 가지치기 방법은 매우 중요하다.

핵심 주제

논리적 사고, 추론

1. 문제에 주어진 비버의 수와 무게, 엘리베이터 최대 무게와 개수 등을 바꿔서 제시하여 봅시다.

가) 비버의 수 및 무게

• 비버의 수 (8   )

• 각 비버의 무게

비버	1	2	3	4	5	6	7	8	9	10
무게	9	3	1	2	11	10	14	13	·	·

※ 비버의 수가 10 이상이면 표를 더 그려 넣으세요.

나) 엘리베이터의 최대 무게 및 개수

• 최대 무게 (25kg   )

• 개수 (2번   )

2. 만든 문제를 해결하는 방법과 절차를 생각해보고, 그 과정을 명확하게 표현해봅시다.

위에 제시된 조건에 따라 다음과 같이 제시할 수 있습니다.

– 전체 비버의 무게는 총 63kg 이다

– 2대의 엘리베이터에 태울 수 있는 무게는 50kg 이다.

– 적은 무게부터 더하여 50kg의 비버를 만들 수 있는 방법은 1 + 2 + 3 + 9 + 10 + 11 + 14 이다.

– 하나의 엘리베이터에 1kg, 2kg, 3kg, 9kg, 10kg으로 25kg을 채울 수 있고, 다른 엘리베이터에는 11kg, 14kg으로 25kg을 채울 수 있다.

– 가장 많은 비버가 탈 수 있는 경우는 위와 같으며, 총 7마리가 탈 수 있다.

다음과 같이 같은 방을 사용하면 된다. 이때, 방의 순서는 상관이 없다.

Alina	Lilli
+:Lilli	+:
-:	-:Lara

Emma	Mia	Zoe
+:	+:Emma,Zoe	+:Mia
-:Alina	-:	-:Alina

Lara
+:
-:Emma

학생들의 의견을 모두 만족시키기 위해서는 각 학생이 작성한 카드의 +: 부분에 적혀있는 (함께 같은 방을 쓰고 싶어하는 학생들의) 이름들을 잘 살펴보아야 한다.

1단계: 빈방이 남아있나 확인한다.

    a. 빈방이 남아있다면, 그 방에 아무 학생의 카드나 가져다 놓는다.

    b. 빈방이 남아있지 않다면, 먼저 배치시킨 학생 카드들의 -: 부분에 이름이 적혀있지 않은 학생 카드를 그 방에 함께 배치할 수 있다(만약, 남아있는 학생의 이름이 모든 방의 -: 부분에 적혀 있다면 모든 학생을 만족시키는 방 배치는 찾을 수 없다(FAIL)).

2단계: 먼저 배치시켜 놓은 카드의 +: 부분에 적혀있는 모든 학생의 카드를 함께 배치한다. +: 부분에 적혀있는 학생의 카드를 모두 함께 배치시키면, 다음 단계를 진행한다. 남아있는 카드가 더 이상 없다면, 모든 학생을 만족시키는 방 배치를 찾은 것이 된다(DONE).

3단계: 1단계부터 다시 확인한다.

위와 같은 단계에 따라 문제에 적용하면, 답을 구할 수 있다. 모든 학생을 만족시킬 수 있는 다른 답은 없다.: 알리나(Alina)는 반드시 릴리(Lilli)와 같은 방을 써야 한다. 하지만 알리나(그리고 물론 릴리도)는 엠마(Emma) 또는 조(Zoe)와 같은 방을 쓸 수 없다.: 그렇기 때문에 미아(Mia)하고도 같은 방을 쓸 수 없다. 미아는 엠마, 조와 같은 방을 써야 한다. 라라(Lara)는 릴리(그리고 알리나)나 엠마(그리고 미아, 조)와 같은 방을 쓸 수 없기 때문에 방을 혼자 써야 한다.

정보과학적인 방법으로, 노드(node)와 링크(link)를 이용해 그래프로 표현하는 방법도 생각해 볼 수 있다. 각각의 노드들은 학생들의 이름으로 표현하고, 각 학생이 좋아하는(+) 다른 학생들로 간선을 연결하고, 그 반대로 좋아하지 않는(-) 다른 학생들로 간선을 연결해 표현할 수 있다.

주어진 문제 상황에서는 모든 학생을 만족시킬 수 있는 방 배치 방법이 있다. 하지만, 항상 그런 방법이 있는 것은 아니다. 예를 들어, 알리나는 릴리와 같은 방을 쓰고 싶어하지만, 릴리는 알리나와 같은 방을 쓰고 싶어 하지 않는 경우, 이러지도 저러지도 못하는 교착상태(deadlock)에 빠지게 된다.

문제 속의 정보과학

학생들의 의견을 최대한 반영하기 위해, 동아리 회장은 각 학생들의 선호에 따라 방을 배정할 수 있는 방법을 찾아야 한다.

어떻게 그런 방법을 찾아낼 수 있을까? 가장 간단한 한 가지 방법은 가능한 한 모든 경우에 대해서 생각해보는 것이다. 가능한 모든 경우를 모두 나열한 다음에 각 방법이 문제에서 주어진 조건들을 모두 만족하는지 살펴보는 방법이다. 하지만 이러한 방법은 가능한 경우의 수들이 많을 경우에 가능한 방법을 찾는 데에 너무 오랜 시간이 걸릴 수 있다. 우선적으로 선호도를 고려하고, 주어진 제약조건에 따라 문제들을 해결해 나가는 것이 더 효율적인 해결방법이다.

'학생들을 같은 방에 배치'시키는 것과 같은 제약 충족 문제는 정보과학분야에서 매우 유명한 문제이다. 제약 충족 문제는 이 문제에서와 같이 어떤 자원들(방들)을 함께 사용해야하는 상황에서 주로 다루어진다. - 예를 들어, 공항에 있는 여러 개의 활주로를 사용해 그 공항에 이착륙하는 여러 비행기의 순서를 결정해야 하는 문제 같은 것들이다. 보다 좋은 알고리즘들을 사용하는 컴퓨터시스템들은 이러한 제약 충족 문제들을 보다 효율적으로 해결하고, 그 결과를 활용한다.

핵심 주제

제약 충족 문제(Constraint Satisfaction Problems, CSPs)

8장 89p 해설

1. 문제에 주어진 댐 건설 알고리즘을 각 작업에 걸리는 시간과 선행작업 조건을 바꿔서 제시하여 봅시다.

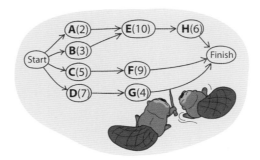

≪ 댐 건설 알고리즘의 표현

예를 들어 다음과 같이 제시할 수 있습니다.

작업	A	B	C	D	E	F	G	H
소요 시간	10	8	9	7	3	4	3	2
선행 작업	-	-	-	-	A, B	C	D	C, F

예를 들어 다음과 같이 제시할 수 있습니다.

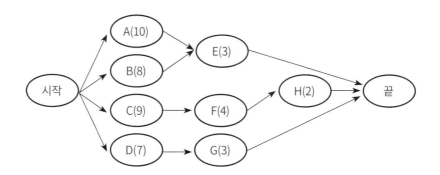

2. 위 구상한 조건에 따라 수정한 댐 건설 알고리즘을 글, 그림, 순서도로 표현하여 봅시다.

1)번의 표에 제시한 내용을 바탕으로 다음과 같이 제시할 수 있습니다.

가) 글로 표현한 경우

1. A(10시간), B(8시간), C(9시간), D(7시간) 작업은 선행 작업이 없으므로, 시간이 가장 많이 소요되는 A(10시간), C(9시간)를 다른 비버가 담당하게 하여 먼저 작업하게 한다.
2. B(8시간) 작업은 C(9시간)작업을 했던 비버가, D(7시간) 작업은 A(10시간)을 작업했던 비버가 작업하게 한다(각각 17시간).
3. 선행 작업이 끝난 E(3시간), F(4시간), G(6시간) 작업은 E작업 + G작업(6시간), F(4시간) 작업으로 구분하여 다른 비버가 담당하게 한다(각각 23시간, 21시간).
4. 마지막으로 H(2시간) 작업은 F작업을 담당한 비버가 이어서 작업하게 한다(각각 23시간).

나) 그림으로 표현한 경우(표 형태의 그림)

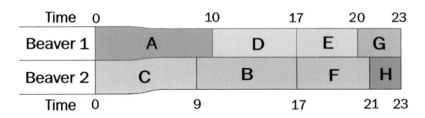

다) 순서도로 표현한 경우

9장 98p 해설

명령어 만들기

예를 들어 다음과 같이 제시할 수 있습니다.

명령어	실행 행동
켜기	로봇을 켠다.
전진: X	로봇을 X 칸 앞으로 움직인다.
후진: X	로봇을 X 칸 뒤로 움직인다.
좌회전	로봇을 90°만큼 왼쪽으로 회전시킨다.
우회전	로봇을 90°만큼 오른쪽으로 회전시킨다.
나무심기	나무를 심는다.
반복: X { }	중괄호 안에 작성된 명령들을 X 번만큼 반복해서 실행한다.
끄기	로봇의 전원을 끈다.

문제 / 도전

로봇이 시작 지점부터 움직여 화살표를 따라서 제자리까지 돌아올 수 있도록 명령어를 사용하여 프로그램을 작성하여 봅시다.

문제	프로그래밍

Starting position	켜기
	반복:4
	{
	　전진:4
	　우회전
	}
	끄기

비버챌린지 공식 교재 안내

[책 소개]
Bebras Korea가 직접 집필한 Bebras Challenge 공식 교재이다. Bebras Challenge를 완벽 대비할 수 있다.

[이 책이 필요한 사람]
첫째, 컴퓨팅 사고력을 기르고 싶은 사람
둘째, 비버챌린지 참가자

◀ 비버챌린지 I
Bebras Korea 지음 / 정가 15,000원

비버챌린지 II ▶
: 비버챌린지로 배우는 소프트웨어(초등학생용)
Bebras Korea 지음 / 정가 15,000원

◀ 비버챌린지 II
: 비버챌린지로 배우는 정보과학(중학생용)
Bebras Korea 지음 / 정가 15,000원

비버챌린지 II ▶
: 비버챌린지로 배우는 정보과학(고등학생용)
Bebras Korea 지음 / 정가 15,000원

◀ 비버챌린지

2018년도 기출문제집(초등학생용)

Bebras Korea 지음 / 정가 8,000원

비버챌린지 ▶

2018년도 기출문제집(중·고등학생용)

Bebras Korea 지음 / 정가 10,000원

◀ 비버챌린지

2017년도 기출문제집(초등학교 3~4학년용)

Bebras Korea 지음 / 정가 6,000원

비버챌린지 ▶

2017년도 기출문제집(초등학교 5~6학년용)

Bebras Korea 지음 / 정가 7,000원

◀ 비버챌린지

2017년도 기출문제집(중학생용)

Bebras Korea 지음 / 정가 8,000원

비버챌린지 ▶

2017년도 기출문제집(고등학생용)

Bebras Korea 지음 / 정가 8,000원